FABRE D'OLIVET

LA MUSIQUE

EXPLIQUÉE COMME SCIENCE ET COMME ART
ET CONSIDÉRÉE DANS SES RAPPORTS ANALOGIQUES
AVEC LES MYSTÈRES RELIGIEUX
LA MYTHOLOGIE ANCIENNE ET L'HISTOIRE DE LA TERRE

ŒUVRE POSTHUME

PUBLIÉE PAR LES SOINS DE

RENÉ PHILIPON

Avec un Portrait inédit de Fabre d'Olivet

98

PARIS
ÉDITION DE L'INITIATION
CHAMUEL
5, RUE DE SAVOIE, 5
1896

LA MUSIQUE

EXPLIQUÉE COMME SCIENCE ET COMME ART

PORTRAIT DE FABRE D'OLIVET

D'après son buste exécuté par CELLAMARE, en 1792

FABRE D'OLIVET

LA MUSIQUE

EXPLIQUÉE COMME SCIENCE ET COMME ART
ET CONSIDÉRÉE DANS SES RAPPORTS ANALOGIQUES
AVEC LES MYSTÈRES RELIGIEUX
LA MYTHOLOGIE ANCIENNE ET L'HISTOIRE DE LA TERRE

ŒUVRE POSTHUME

PUBLIÉE PAR LES SOINS DE

RENÉ PHILIPON

Avec un Portrait inédit de Fabre d'Olivet

PARIS
ÉDITION DE L'INITIATION
5, RUE DE SAVOIE, 5
1896

CHAPITRE PREMIER

IDÉES DES ANCIENS SUR LA MUSIQUE

Je vais examiner la musique, en général, comme science et comme art, et tâcher de faire sortir de cet examen, un système théorique et pratique fondé sur la nature, et réunissant les principes trouvés par les anciens avec les connaissances acquises par les modernes.

Cette étude et ces résultats seront plus importants qu'on ne croit ; car la musique n'est pas seulement, comme on se l'imagine aujourd'hui, l'art de combiner les sons ou le talent de les reproduire de la manière la plus agréable à l'oreille : ceci n'est que sa partie pratique, celle d'où résultent des formes passagères, plus ou moins brillantes, suivant les temps et les lieux, le goût et le caprice des peuples qui les font varier de mille manières. La musique, envisagée dans sa partie spéculative, est, comme la définissaient les anciens, la connaissance de l'ordre de toutes choses, la science des rapports harmoniques de l'univers ; elle repose sur des principes immuables auxquels rien ne peut porter atteinte.

Lorsque les savants modernes lisent, dans les ouvrages de l'antiquité, les éloges pompeux qu'on y fait de la musique et les merveilles qu'on lui attribue, ils ne peuvent les concevoir ; et, comme ils ne voient rien, dans l'étude ni dans la pratique d'un art aussi frivole à leurs yeux, qui justifie ces éloges ou qui confirme ces miracles, ils traitent les auteurs de visionnaires ou les accusent d'imposture, sans réfléchir que ces écrivains qu'ils osent ainsi calomnier sont les hommes les plus judicieux, les plus sages, les plus instruits et les plus vertueux de leurs siècles. Les musiciens eux-mêmes, fort embarrassés d'expliquer, au moyen de la musique moderne, qu'ils croient pourtant parvenue au dernier degré de perfection, les effets surprenants attribués à l'ancienne, prennent le parti de rejeter ses effets, tantôt sur la nouveauté de l'art, tantôt sur le pouvoir de la poésie qui y était unie, tantôt sur la prétendue grossièreté des peuples. Burette, le moins excusable de tous, puisque ses connaissances devaient le rendre plus juste, prétend que les merveilles que l'on raconte de la musique des Grecs, ne prouvent, en aucune manière, sa supériorité sur la nôtre, et qu'Orphée, Demodocus, Phœmius et Terpandre n'opéraient rien de plus que ne puissent opérer, de nos jours, les plus mauvais râcleurs de village, s'ils trouvaient de semblables auditeurs.

Cet écrivain, qui croit pouvoir assimiler ainsi les peuples de la Grèce aux hordes sauvages de l'Amérique, oublie, sans doute, que ces peuples étaient, de tous ceux qui ont paru sur la terre, les plus sensibles

aux beautés des arts et les plus propres à leur cul-
ture. Il ne pense pas que c'est peu de temps après
l'époque où l'on place l'apparition d'Orphée que vécu-
rent Hésiode et Homère, les plus savants des poètes,
Lycurgue et Zaleucus, les plus rigides des législateurs.
Il ne veut pas voir que Tyrtée et Terpandre étaient
presque contemporains de Sapho et d'Esope, de Solon
et de Pindare. Je ne sais pas comment il aurait arrangé
des choses aussi contradictoires, s'il avait voulu y réfléchir un moment ; ni de quelle manière il nous aurait
prouvé que ceux qui avaient des poésies comme celles
d'Homère et de Sapho, des lois comme celles de Lycurgue et de Solon, des statues comme celles de Phidias,
se seraient extasiés en écoutant l'harmonie d'un de nos
ménétriers ; car nous, dont la musique est si parfaite,
à son avis, qui avons des opéras si magnifiques, nous
sommes encore bien loin d'avoir rien de comparable à
l'Iliade et à l'Odyssée, rien d'approchant de l'Apollon
pythien et de la Vénus pudique, quoique nos poètes et
nos statuaires copient et recopient sans cesse ces admi-
rables modèles. Il fallait que le brillant, mais très
superficiel auteur d'*Anacharsis* eût le bandeau bien
épais sur les yeux, pour avoir adopté, sans examen,
l'opinion de Burette ; il semble qu'il aurait dû lui pré-
férer celle de Platon, celle d'Aristote, rival de Platon,
celle de Plutarque et du judicieux Polybe ; mais, pour
cela faire, il aurait fallu être en état de rendre raison
des merveilles rapportées par ces philosophes, chose
difficile et dont il se dispensait en les niant.

Ces opinions valaient pourtant la peine d'être discu-

tées. L'historien Polybe, dont on connaît l'exactitude,
raconte que, de tous les peuples de l'Arcadie, les Cynèthes, étrangers à la musique, étaient regardés comme
les plus féroces ; et il attribue hardiment leur férocité
à l'éloignement qu'ils avaient pour cet art. Il s'élève
avec force contre un certain éphore, qui avait osé dire
que la musique ne s'était introduite parmi les hommes
que pour les séduire et les égarer par une sorte d'en-
chantement, et lui oppose l'exemple des autres Arca-
diens qui, ayant reçu de leurs législateurs des règle-
ments propres à leur inspirer le goût de la musique,
s'étaient distingués par leurs mœurs douces et leur
respect pour la divinité. Il fait le tableau le plus flatteur
des fêtes où la jeunesse arcadienne s'accoutumait, dès
l'enfance, à chanter des hymnes religieux en l'honneur
des dieux et des héros du pays, et ajoute : « J'ai rapporté ces choses pour engager les Cynèthes à donner
la préférence à la musique, si jamais le ciel leur inspire
le désir de s'appliquer aux arts qui humanisent les
peuples ; car c'est le seul moyen qui leur reste pour
dépouiller leur ancienne férocité. » Ainsi Polybe atta-
chait à la musique le pouvoir d'adoucir les mœurs.
Longtemps avant, Platon avait reconnu dans cet art
une influence irrésistible sur la forme du gouvernement, et n'avait pas craint de dire qu'on ne pouvait
faire aucun changement dans la musique sans en effectuer un correspondant dans la constitution de l'État.
Cette idée, suivant ce philosophe, appartenait à
Damon, qui avait donné des leçons d'harmonie à
Socrate ; mais après l'avoir reçue lui-même de Socrate,

il l'avait fort développée par ses études et ses méditations. Jamais il ne perd, dans ses ouvrages, l'occasion de parler de la musique, et d'en démontrer les effets. Il assure, dès le commencement de son livre des Lois, que, dans la musique, sont enfermées toutes les parties de l'éducation. « L'homme de bien, avait-il dit d'ailleurs, est le seul excellent musicien, parce qu'il rend une harmonie parfaite, non pas avec une lyre ou avec d'autres instruments, mais avec le total de sa vie. » Ce philosophe se garde bien, comme le vulgaire commençait à le faire de son temps, de placer la perfection de la musique dans la faculté qu'elle a d'affecter agréablement l'âme ; il assure, au contraire, que rien n'est plus éloigné de la droite raison et de la vérité. La beauté de la musique consiste, selon lui, dans la beauté même de la vertu qu'elle inspire. Il pense qu'on peut reconnaître les inclinations des hommes par l'espèce de musique qu'ils aiment ou qu'ils louent, et veut qu'on forme de bonne heure leur goût sur cette science, en la faisant entrer dans l'éducation des jeunes gens, d'après un système fixe et bien ordonné. « Un État gouverné par de bonnes lois, dit-il, ne laisse jamais au caprice des poètes et des musiciens ce qui concerne les bases de l'éducation dans la musique ; il règle ces choses ainsi qu'on les pratique en Égypte, où la jeunesse est accoutumée à suivre ce qu'il y a de plus parfait, tant dans la mélodie que dans la mesure et la forme du mode. »

Le système musical que Platon avait en vue dans ce passage était originaire d'Égypte ; porté d'abord en

Grèce par Orphée, quant à sa partie pratique, il fut ensuite développé par Pythagore, qui en explique la partie théorique assez ouvertement, cachant seulement le principe fondamental de la science, dont il réserve la connaissance aux seuls initiés, ainsi qu'il en avait pris l'engagement dans les sanctuaires ; car, les poètes égyptiens ne communiquaient les principes des sciences en général, qu'après les plus terribles épreuves et les serments les plus solennels de se taire ou de ne les livrer qu'à des hommes dignes de les posséder. Voilà la cause de ce long silence que Pythagore exigeait de ses disciples et l'origine de ces voiles mystérieux dont il les obligeait, à son tour, de couvrir leurs enseignements.

Le système musical que nous possédons aujourd'hui, nous étant venu des Grecs par les Romains, est donc, quant à son principe constitutif, le même que celui des antiques Égyptiens ; il n'a varié que dans les formes pratiques qui le défigurent et qu'on en peut facilement écarter, comme je me propose de le montrer. C'est ce même système que Timée, de Locres, regardait comme institué par les dieux pour le perfectionnement de l'âme, et dans lequel il voyait cette musique céleste qui, dirigée par la philosophie, peut facilement habituer, persuader, forcer la partie sensible de l'âme d'obéir à l'intellectuelle, adoucir sa partie irascible, calmer sa partie concupiscible, et les empêcher toutes deux de se mouvoir contre la raison ou de rester oisives quand la raison les appelle.

CHAPITRE II

IDÉES DES ANCIENS SUR LA MUSIQUE
(Suite.)

Selon ce que Platon ajoute, au passage que j'ai rapporté, les prêtres égyptiens avaient tracé des modèles de mélodie et d'harmonie, et les avaient fait graver sur des tables exposées aux yeux du peuple dans les temples. Il n'était permis à personne de rien changer à ces modèles, en sorte que les mêmes lois réglant tout ce qui concernait la musique, la peinture et la sculpture, on voyait des ouvrages de ces deux derniers arts, qui duraient depuis deux mille ans, on entendait des chants qui remontaient à la même époque. Platon, en faisant mention de ce long intervalle de temps, et comme s'il eût senti que la postérité le révoquerait en doute, a pris soin de le répéter : « Quand je dis dix mille ans, ajoute-t-il, ce n'est pas pour ainsi dire, mais à la lettre, dix mille ans : aussi doit-on regarder une pareille institution comme un chef-d'œuvre de législation et de politique. »

L'antiquité de ce système musical en laisse inférer l'universalité. Aussi le trouve-t-on, avec des modifications diverses, répandu sur tous les lieux de la terre qu'habitent encore ou qu'ont habités les nations civilisées : l'Arabie, la Perse, l'Inde entière, la Chine n'en ont pas d'autre. Les Arabes, comme ils en conviennent eux-mêmes, tiennent leur musique des Persans. Les Persans la tiennent des Hindous, quoiqu'ils aient quelque peine à l'avouer ; mais cela est démontré par le nombre et la conformité de leurs modes. Les uns et les autres attribuent un grand pouvoir à cette musique dont le système, qui est le même que celui des Egyptiens et des Grecs, ne diffère essentiellement du nôtre que par les déviations de l'un et de l'autre, et par les formes extérieures que les temps et les lieux ont fait varier. Quant à la musique chinoise, elle est au fond la même que celle des Egyptiens, comme l'a bien observé l'abbé Rousseau, et conséquemment la même que celle des Grecs, malgré la différence de physionomie qu'elle offre au premier coup d'œil. Je tâcherai d'éclairer cette difficulté en montrant, quand il en sera temps, comment il est possible que les Egyptiens et les Chinois aient eu le même système musical sans se le donner les uns les autres, mais en le prenant tous les deux à une source commune.

Je vais, dans ce chapitre, et pour ne pas trop m'écarter de mon premier dessein, me borner à prouver que les Chinois ont eu de temps immémorial, sur la puissance morale de la musique, les mêmes idées que les Grecs.

Le célèbre Kong-Tsée, que nos premiers missionnaires, dans la fureur de tout latiniser, ont nommé

Confucius, Kong-Tsée, le Socrate de la Chine, après avoir appris à fond la musique comme le sage Athénien, reconnaissait, dans cette science, le moyen le plus sûr et le plus aimable de réformer les mœurs publiques et de les renouveler entièrement.

Il pensait, comme Platon l'a exprimé quelques siècles après, que la musique devait être considérée comme un des premiers éléments de l'éducation, et que sa perte ou sa corruption était la plus sûre marque de la décadence des Empires. Kong-Tsée était, à peu de chose près, contemporain de Pythagore et du second Zoroastre ; sans connaître ces hommes divins, sans même avoir entendu parler d'eux, il professait leur même doctrine. Aussi profond moraliste que le législateur des Perses, il avait pénétré aussi loin que Pythagore, dans le principe des sciences.

Le système musical de sa patrie lui était parfaitement connu, et il paraît même qu'il s'était rendu fort habile dans la pratique de la musique. On lit, dans le *Lun-Yu*, que ce philosophe, jouant un jour du king, un bon paysan qui passait sa porte s'arrêta pour l'entendre, et que, touché de l'harmonie que rendaient les pierres sonores de cet instrument, il s'écria : « Oh ! que celui qui joue ainsi a l'âme occupée de grandes choses ! »

Cette vénération que Kong-Tsée avait pour la musique, il l'avait puisée dans les livres sacrés de sa nation. Ces livres ne parlent de cette science que pour la louer et en raconter les merveilles.

Selon le *Li-Ki*, elle est l'expression et l'image de

l'union de la terre et du ciel; ses principes sont immuables; elle fixe l'état de toutes choses; elle agit directement sur l'âme et fait entrer l'homme en commerce avec les esprits célestes. Sa fin principale est de régler les passions. C'est elle qui enseigne aux pères et aux enfants, aux princes et aux sujets, aux maris et aux femmes, leurs devoirs réciproques. Le sage trouve dans ses accords une source inépuisable d'instruction et de plaisirs, avec des règles invariables de conduite. Le *Chou-King*, livre canonique de premier ordre, rapporte que l'Empereur *Chim*, en nommant un officier pour présider sur cette science, lui dit : « Je vous charge de présider à la musique : enseignez-la aux fils des grands, pour leur apprendre à allier la droiture avec la douceur, la politesse avec la gravité, la bonté avec le courage, la modestie avec le mépris des vains amusements. Les vers expriment les sentiments de l'âme, le chant passionne les paroles, la musique module le chant, l'harmonie unit toutes les voix et accorde avec elles les divers sons de l'instrument : les cœurs les moins sensibles sont touchés, et l'homme s'unit à l'esprit. » *Kouei* était le nom du sage dont l'empereur avait fait choix pour lui confier cet important emploi. C'est de lui, qu'il est écrit dans le même livre, dont l'antiquité remonte à plus de deux mille ans au-dessus de celle où l'on place l'apparition de l'Orphée grec, qu'il savait adoucir les hommes les plus féroces, remplir leur âme de transports délicieux, et au moyen de son art, animant la pierre sonore des instruments, attirer les animaux et les faire tressaillir d'aise autour de lui. J'aurais trop à faire, si je voulais citer en détail tous les textes des livres chinois qui parlent de la musique.

Pan-Kou, le plus fameux historien de la Chine, assure que toutes les doctrines des *kings* servent à prouver la nécessité de cette science. Les poètes et les orateurs la définissent, l'écho de la sagesse, la maîtresse et la mère de la vertu, le messager des volontés du TIEN, nom qu'ils donnent à l'être suprême; la science qui dévoile cet être ineffable et ramène l'homme vers lui. Les écrivains de tous les âges lui attribuent la puissance de faire descendre sur la terre les esprits supérieurs, d'évoquer les mânes des ancêtres, d'inspirer aux hommes l'amour de la vertu et de les porter à la pratique de leurs devoirs. « Veut-on savoir, disent-ils, si un royaume est bien gouverné, si les mœurs des habitants sont bonnes ou mauvaises? Qu'on examine la musique qui y a cours. »

En réfléchissant sur ces idées que des hommes, tels que Pythagore et Kong-Tsée, ont également adoptées et qu'ils ont fait adopter à leurs disciples en des contrées si éloignées, après les avoir puisées dans les livres sacrés des deux plus anciennes nations du monde, il est difficile de les croire dépourvues de tout fondement et d'attribuer au hasard seul leur singulière coïncidence. Il me semble, malgré ce qu'en peut dire un certain Delaborde, qui n'a fait ses quatre volumes in-4° que pour prouver la supériorité de notre musique, que cette supériorité n'est rien moins que prouvée et qu'il ne paraît pas du tout, comme il le

dit, que les anciens fussent absolument des ignorants
en cet art. Il est bien vrai que nos symphonistes
modernes, ne pouvant rien comprendre aux merveilles
dont parlent les anciens, prennent le parti de les nier ;
mais une dénégation n'est pas une réponse, et il ne
suffit pas de dire qu'une chose n'est pas vraie pour
qu'elle ne le soit pas.

Il faut le prouver, et cela est impossible, à moins
de prendre pour une preuve irrésistible ce raisonne-
ment qu'ils font en s'enfermant dans le cercle vicieux
que leur suggère l'amour-propre ▬▬▬ sommes très
savants en musique, et notre musique est la meilleure
des musiques possibles ; or, nous ne saurions pourtant y voir ce que les anciens voyaient dans la leur,
ni effectuer par son moyen ce que les anciens effec-
tuaient : donc les anciens étaient des ignorants, des
visionnaires, des rustres. Fort bien. Il n'y a là-dedans
qu'un point à reprendre : c'est qu'on y pose en fait
ce qui est en question.

CHAPITRE III

VÉRITABLE CAUSE DES EFFETS MORAUX
DE LA MUSIQUE

—

Sans chercher à nier une chose aussi bien démontrée que la puissance morale de la musique chez les anciens, cherchons plutôt à découvrir les causes de cette puissance, et perdons, s'il se peut, la mauvaise habitude que l'ignorance et la paresse nous ont fait contracter de nier effrontément ce qui sort de la sphère de nos connaissances, et de traiter de visionnaires ou d'imposteurs ceux qui ont vu dans la nature des choses ce que nous n'y voyons pas. Tàchons de nous persuader que la vue intellectuelle de l'homme peut s'étendre ou se raccourcir comme sa vue physique, pénétrer avec plus ou moins de justesse et de force dans l'essence des choses, comme dans l'espace, et embrasser à la fois dans l'une ou l'autre sphère un nombre plus considérable de rapports, suivant que les circonstances la favorisent ou qu'elle s'est exercée à les saisir ; sachons qu'il est des différences notables d'individu à individu, de peuple à peuple ; considérons les temps et les lieux, les révolutions politiques et les

vicissitudes de la nature, et souvenons-nous que
dans un brouillard épais, par exemple, un homme
distinguera moins les objets, quoique doué d'une
excellente vue, que celui qui, avec des yeux moins
pénétrants, les aura examinés dans le calme d'un air
pur. Or, l'Europe, couverte pour longtemps d'un
brouillard spirituel, a perdu les lumières étrangères
qu'elle avait reçues de l'Afrique et de l'Asie ; l'irruption des hordes septentrionales a entraîné sur elle
toute l'épaisseur des ombres cimmériennes. Quoique
ses habitants soient généralement doués d'une vue
morale assez ferme et qu'ils possèdent même un
esprit d'investigation plus pénétrant et beaucoup plus
actif que celui des nations asiatiques, ils n'ont pas pu
néanmoins acquérir les mêmes connaissances intellectuelles, à cause des ténèbres profondes qui les
environnaient.

Les sciences physiques, dont ils ont allumé les
flambeaux, leur ont bien servi, il est vrai, pour se
conduire dans cette longue nuit ; mais, quelque
brillant qu'ait été leur éclat, il n'a pu leur montrer
que la forme extérieure des choses ; il est vrai qu'ils
ont connu cette forme extérieure beaucoup mieux
que les peuples antiques, à cause de ces mêmes
sciences physiques dont le besoin les a forcés de
s'éclairer, et qu'ils ont portées à un degré de perfection qu'elles n'avaient jamais atteint dans aucun
temps ; aussi peut-on être certain qu'au moment où
la lumière intellectuelle, brillant sur eux dans toute
sa force, aura dissipé un reste de ténèbres que le

préjugé, l'ignorance et l'orgueil systématique retiennent encore, les peuples de l'Europe moderne verront des choses que n'ont pu voir jamais ni ceux de l'Europe ancienne, ni leurs instituteurs, les Asiatiques ou les Africains.

En attendant que la marche irrésistible de l'univers amène ce moment heureux, et porte les modernes au faîte de la science, examinons, sans partialité, les routes que les anciens avaient parcourues, et sachons, aux rayons naissants de l'intelligence, les suivre d'abord pour les surpasser ensuite.

La musique, dont j'ai entrepris de faire connaître les principes, ne consiste pas, comme je l'ai déjà fait entendre, dans les formes extérieures : si les formes étaient tout dans cette science, je me garderais bien d'écrire sur ce sujet ; car, où seraient mes titres ? En les regardant comme dépendantes de la composition, ce serait aux grands maîtres, à Pergolèse, Gluck, Durante, Léo, Sacchini, Cimarosa, Handel, Haydn, Boccherini, qu'il aurait appartenu de les décrire ; en les considérant comme intimement liées à l'exécution, ce serait aux célèbres virtuoses, à Balthazard Ferri, à Posi, à Faustine Bordoni, comme chanteurs ; à Zarnowich, à Balbàtre, à Gavinies, à Viotti, à Duport, comme joueurs d'instruments, qu'il eût convenu d'en parler ; mais les formes sont passagères, et, moins dans cette science que dans aucune autre, elles peuvent résister au temps qui les varie : à peine un siècle s'écoule que trois ou quatre compositions que les amateurs jugeaient immortelles, se sont succédées,

détruites, ensevelies tour à tour. Un savant compositeur, un habile symphoniste, peuvent bien, sans
connaître, en aucune manière, les principes de ces
éléments, sans même les approfondir en eux-mêmes,
mais inspirés par leur génie ou guidés par leur talent,
façonner ces éléments, selon les règles et le goût de
leur siècle, et produire ou faire entendre une musique
qui flatte les sens ; leur succès d'abord assez brillant
sera court. Comme ils n'ont songé qu'aux formes sans
s'inquiéter en rien du fond qu'ils employaient et que
leurs auditeurs, ne sentant rien au delà, n'ont cherché
que le plaisir, leur gloire s'évanouit avec l'édifice
qu'ils ont élevé, lorsque d'autres formes se présentent
et que les sens, toujours amis de la nouveauté,
accueillent. Le plaisir qui avait fait leurs triomphes
est la cause de leur chute : dès qu'ils font naître
l'ennui, ils sont morts.

Ce n'est jamais par des formes extérieures que la
musique exerce sa véritable puissance : ce n'est pas
même au moyen des éléments qui servent à déve-
lopper ces formes ; c'est au moyen des principes qui
les constituent. Toutes les fois qu'on s'est imaginé
que les anciens faisaient dépendre d'une mélodie ou
d'une harmonie quelconque, abstraction faite de toute
autre chose, les merveilles qu'ils attribuaient à la
musique, on s'est trompé. Cette mélodie, cette harmonie, n'étaient que l'enveloppe physique d'un principe intellectuel connu, dont la présence éveillait
dans l'âme une pensée analogue, et produisait par son
moyen, non seulement le plaisir des sens dépendant

de la forme, mais l'affection morale dépendante du principe. Cette affection morale ne pouvait jamais manquer son effet tant que la pensée qui la faisait naître s'enchaînait, par l'éducation, au principe musical, et le plaisir lui-même la suivait toujours lorsque la forme donnée par un homme de génie rappelait le principe et lui était inhérente, de manière à ne pouvoir s'en détacher. C'est ainsi qu'en Egypte on écoutait, avec le même plaisir, des chants dont l'origine se perdait dans la nuit des temps. Hérodote parle d'un certain chant appelé Linos, qui, de l'Egypte, était passé en Phénicie, en Chypre, en Ionie, et dans toute la Grèce : on croit que c'est le même que les Latins ont ensuite nommé Nœnia. Platon, comme nous l'avons vu, en faisait remonter le principe au delà de dix mille ans.

Je sais bien qu'il est assez difficile de comprendre des choses aussi éloignées de ce que l'expérience démontre parmi nous ; mais, encore une fois, tâchons de croire que nous ne sommes pas arrivés au faîte de la science, et que la sphère de nos connaissances est fort loin d'embrasser celle de la nature.

Cessons de tourner nos forces contre nous-mêmes en continuant à nier l'existence de ce que nous ne savons pas. L'obstacle le plus à craindre dans la carrière de la sagesse, est de croire savoir ce qu'on ignore. Quelque difficulté que j'entrevoie à présenter bien clairement des idées aussi nouvelles, auxquelles rien ne peut me servir de lien, en passant du connu à l'inconnu, je vais pourtant essayer de remplir la

2

tâche que je me suis prescrite, en priant le lecteur de me donner l'attention qui m'est nécessaire.

La musique peut être envisagée sous plusieurs rapports : parmi les modernes, on ne la connaît guère que comme théorique ou pratique ; chez les anciens, on la considérait comme spéculative, intellectuelle ou céleste. La musique pratique appartient au compositeur ou au symphoniste, et ne passe pas les bornes de l'art. L'homme qui compose ou qui exécute ce qui a été composé, reçoit les éléments musicaux tels qu'il les trouve, sans les examiner ni les discuter ; il les emploie ou les développe suivant les règles connues et conformément au goût du peuple auquel il veut plaire, avec plus ou moins de succès, selon qu'' est doué de plus ou moins de génie ou de talent. La musique théorique, outre le compositeur et le symphoniste auxquels elle peut appartenir encore, occupe aussi le philosophe qui, sans composer rien ni jouer d'aucun instrument, n'en cherche pas moins à examiner avec eux les éléments qu'ils mettent en œuvre : c'est-à-dire le système musical tel qu'il est adopté, le son en lui-même comme résultant du corps sonore, et la voix et les instruments qui le modifient. La musique devient alors une sorte de science qui, tant qu'elle se renferme dans la sphère physique, ne peut être considérée que comme une science de second ordre.

C'est là, ainsi que je viens de le dire, que les modernes se sont ordinairement arrêtés ; ils ont à peine entrevu la musique spéculative dont les anciens faisaient une étude assidue, et qu'ils regardaient avec

raison comme la seule digne d'être appelée une
science. Cette partie de la musique servait d'une sorte
de lien ou de passage entre ce qui était physique ou
moral, et traitait particulièrement des principes qu'elle
distinguait des formes et des éléments. Mais comme,
d'après la marche dogmatique des Egyptiens, les principes d'aucune science n'étaient dévoilés qu'aux seuls
initiés et dans le secret des sanctuaires, il s'ensuivait
que les principes, sur lesquels reposait le système musical des nations anciennes, restaient cachés au vulgaire et n'étaient jamais exposés en public qu'à la
faveur des symboles et des voiles allégoriques.

Enfin, la musique intellectuelle et céleste était l'ap-
plication des principes donnés par la musique spéculative, non plus à la théorie, ou la pratique de l'art pur
et simple, mais à cette partie sublime de la science
qui avait pour objet la contemplation de la nature et
la connaissance des lois immuables de l'univers. Parvenue alors à son plus haut degré de perfection, elle
formait une sorte de lien analogique entre le sensible
et l'intelligible, et présentait ainsi un moyen facile de
communication entre les deux mondes. C'était une
langue intellectuelle qui s'appliquait aux abstractions
métaphysiques et en faisait connaître les lois harmoniques, de la manière que l'algèbre, partie scientifique
des mathématiques, s'applique, parmi nous, aux abstractions physiques et sert à calculer les rapports.
Ceci, je le sens bien, n'est point trop facile à comprendre
dans l'état actuel de nos lumières, mais nous y revien-
drons.

CHAPITRE IV

DES EFFETS MORAUX DE LA MUSIQUE
(Suite.)

———————

Il est nécessaire, avant tout, de répondre au lecteur tenté de m'arrêter pour me dire que si, comme je l'ai avancé, les effets moraux de la musique dépendaient de la connaissance des principes, ces effets devraient se réduire à peu de chose, puisque j'ai avoué que le vulgaire les ignorait. Cette objection n'est spécieuse qu'autant qu'on la fonde sur l'opinion moderne et qu'on transporte nos coutumes et nos mœurs chez les nations antiques. Chez nous, la multitude s'est constituée juge des beaux-arts. Des artisans, de simples ouvriers, des mercenaires, des hommes sans lumière et sans goût, remplissent nos théâtres et décident du sort de la musique. Depuis longtemps une révolution, funeste à l'épuration des lumières, au développement du génie, a transporté la puissance dans la masse et a compté les voix au lieu de les peser.

Les cris confus d'un peuple en tumulte, ses acclamations ou les murmures sont devenus la règle du beau. Il n'y a pas un commis marchand, un élève de procureur, un présomptueux écolier, qui, se fondant sur l'opinion de Boileau (1), ne se croie très compétent à prononcer sur *les productions du génie*, et qui, jugeant de la musique par le plus ou moins de plaisir qu'elle lui cause, ne prenne ses sensations désordonnées pour la mesure de ses sensations dans cet art.

Il n'y a pas un croque-notes, un musicien d'orchestre et même de bal, qui, consultant son oreille dont l'habitude et la routine ont été les seuls guides, ne se donne hardiment pour juge irrécusable, non seulement des modes et des tons, mais encore du nombre et de la justesse des intervalles admissibles dans les modes.

Cette singulière anarchie n'existait pas dans les temps reculés, où la musique, forte de la simplicité et de l'immutabilité de ses principes, produisait les plus grandes merveilles. Cette science était regardée d'une si haute importance à la Chine, que le gouvernement s'en réservait la direction exclusive et en prescrivait les règles par des lois générales. Le son fondamental, appelé *koung*, était fixé par lui, et les dimensions du tuyau qui le donnait, gravées sur les monuments publics, servaient de type métrique universel. Chaque fondateur de dynastie avait soin de créer une musique nouvelle, afin de donner une nouvelle physionomie à son empire. On lit dans le *Li-Ki*, un des livres canoniques de cette nation, que la musique de l'empereur

(1)　Un clerc pour quinze sols, sans craindre le holà,
　　Peut aller au parterre attaquer Attila.

Yao était douce et aimable ; que celle de *Chim* faisait
allusion aux vertus d'*Yao* qu'il tâchait d'imiter ; que
celle des *Hia* était grande, noble et majestueuse, que
celle des *Chang* et des *Tcheou* exprimait une vertu
mâle, courageuse et active... Nous avons vu, qu'en
Egypte, les lois régulatrices de la musique étaient gravées dans les temples. Platon, qui nous a conservé le
souvenir de cette institution admirable, en tira la
preuve qu'il est possible de déterminer par des lois
quels sont les chants, beaux par leur nature, et d'en
prescrire avec confiance l'observation. Plusieurs siècles avant Platon, Pythagore, imbu de la doctrine
égyptienne, recommandait à ses disciples de rejeter le
jugement de leur oreille, comme susceptible d'erreur
et de variation dans ce qui concernait les principes
harmoniques. Ils voulaient qu'ils ne réglassent ces
principes immuables que sur l'harmonie analogique et
proportionnelle des nombres.

C'était d'après ces idées et le soin que les législateurs
apportaient à maintenir la musique dans sa pureté que
la plupart des cantiques prenaient le nom de nomes,
c'est-à-dire lois ou modèles. Platon, qui en désigne les
diverses espèces sous le nom d'*hymnes, phrènes,
péons* et *dithyrambes*, n'hésite pas à dire que la corruption des Athéniens remonte jusqu'à l'époque où ils
ont abandonné ces anciennes lois musicales ; car, déjà
de son temps, la multitude s'agitait vivement pour
évoquer à elle seule le mouvement de la musique, et
les théâtres, muets jusqu'alors, élevaient la voix pour
décider en dernier ressort du mérite des ouvrages : ce

qui fait dire plaisamment à ce philosophe que le gouvernement d'Athènes va devenir théâtrocratique, d'aris_ tocratique qu'il était.

Les poètes et les musiciens, mal instruits du véritable but de la science, qui est moins de flatter les passions des hommes que de les tempérer, avaient donné lieu à ce désordre, en en voulant secouer certaines règles qui les gênaient dans leur fougue ; mais la punition avait suivi de près la faute, car au lieu de se rendre libres, comme ils le croyaient, ils étaient devenus les derniers des esclaves en se soumettant au caprice d'un maître aussi volage dans ses goûts que le peuple. Aristote, quoique presque toujours opposé à Platon, n'ose point le contredire en ce point, et sait bien que la musique, devenue indépendante et fougueuse pour entraîner les suffrages de la multitude, avait perdu ses plus grandes beautés. Mais, cette hardiesse, condamnée hautement par les philosophes, attaquée par les écrivains satiriques, réprimée par les dépositaires des lois, n'était qu'une déviation des principes. Les prétentions du peuple sur les beaux-arts, loin d'être fondées comme parmi nous, sur un droit reconnu, n'étaient qu'une usurpation occasionnée, dans les derniers siècles de la Grèce, par la faiblesse des artistes, et à laquelle ceux-ci savaient fort bien se soustraire lorsque leur génie leur en donnait les moyens. On sait, par exemple, que les Athéniens, voulant agir envers Euripide comme ils agissaient envers beaucoup d'autres et le forcer de retrancher quelque chose d'une de ses pièces pour l'accommoder à leur goût, ce poète se présenta sur le

théâtre, et dit aux spectateurs : « Je ne compose pas
mes ouvrages pour apprendre de vous ; mais, au contraire, pour que vous appreniez de moi. » Il est utile
de remarquer qu'au moment où les Athéniens oublíaient
ainsi les anciennes lois musicales et applaudissaient
aux accents efféminés des Ioniens, qui, courbés sous le
joug des Perses, se consolaient de la perte de leur
liberté en s'abandonnant à la licence, ils étaient vaincus
à Ægos-Potamos par ces mêmes Lacédémoniens, dont
les Éphores, rigides observateurs des anciennes coutumes, venaient de condamner le célèbre Timothée à
retrancher quatre cordes de sa lyre, en l'accusant
d'avoir, par ses innovations dangereuses, blessé la
majesté de la musique et tenté de corrompre la jeunesse
spartiate.

C'était sans doute cet événement que Platon avait en
vue, lorsqu'il faisait remonter, ainsi que je viens de le
dire, la corruption des Athéniens à l'époque de la
décadence de leur musique. Tandis qu'ils étaient vain-
queurs à Marathon, ils respectaient encore les lois
antiques ; et comme les autres peuples de la Grèce
veillaient avec le plus grand soin à l'immutabilité de
cette science, il n'était permis à personne de porter
atteinte à ses principes, et les modes, une fois réglés,
ne variaient plus ; les sifflets, les bruits confus de la
multitude, les battements des mains et les applaudis-
sements n'étaient pas, dit Platon, la règle qui décidait si
cet ordre était bien observé. Le poète ni le musicien n'en
craignaient ni n'en espéraient rien. Il y avait au théâtre
des hommes consommés dans la connaissance de la

musique, qui écoutaient en silence jusqu'à la fin et
qui, une branche de laurier à la main pour marque de
leur dignité, prononçaient sur les ouvrages soumis au
concours et contenaient tout dans l'ordre et dans la
bienséance ; les Athéniens savaient alors que, s'il faut
juger de la musique par le plaisir qu'elle cause, ce n'est
pas au premier venu qu'il appartient de juger ce plaisir,
mais à des gens de bien, instruits d'ailleurs des principes de la science et, principalement, à un seul homme
distingué entre tous les autres par ses vertus et ses
lumières.

Ainsi donc, pour revenir à l'objet de cette longue
digression, à l'époque où la musique exerçait sa plus
grande puissance, soit en Grèce, soit en Egypte, soit
en Chine ou ailleurs, le vulgaire, loin de s'en être
constitué le juge, le recevait avec respect des mains
de ses juges, en révérait les lois comme l'ouvrage de
ses ancêtres et l'aimait, comme une production de sa
patrie et un présent de ses dieux ; il en ignorait les
principes constitutifs confiés au sacerdoce et connus
des seuls initiés ; mais ces principes agissaient sur
lui à son insu et par instinct, de la même manière
que les principes de la politique ou ceux de la
religion. Ce n'était assurément pas l'Athénien le plus
en état de raisonner sur la constitution de la répu-
blique qui l'aimait davantage et qui savait le mieux la
défendre, puisque Démosthènes prit le premier la
fuite et jeta son bouclier à la bataille de Chéronée. Ce
n'était pas non plus celui qui connaissait en détail les
dogmes divins qui respectait le plus la divinité,

puisque Anitus demanda bien l'empoisonnement de Socrate. Dans tous les pays du monde, le vulgaire est fait pour sentir et agir et non pas pour juger et connaître ; ses supérieurs de tous les ordres doivent juger et connaître pour lui, et ne lui laisser présenter rien qui puisse lui nuire, quand même il pourrait d'abord en être physiquement flatté. Facile à émouvoir et prompt à se laisser entraîner, c'est du bon choix que font ses supérieurs que résultent ses bonnes ou mauvaises émotions, son entraînement vers le bien et vers le mal. Les anciens législateurs, qui savaient ces choses et qui connaissaient l'influence que peut avoir la musique, s'en servaient, ainsi que je l'ai dit, avec un art admirable, un art plein de sagesse, mais tellement ignoré aujourd'hui qu'on n'en parle que comme d'une folie bonne à reléguer au pays des chimères ; cet art n'était pourtant pas tellement difficile qu'on ne pût l'employer encore si l'on parvenait à retirer la science musicale de l'étrange avilissement où elle est tombée. Je rechercherai, une autre fois, quels sont les moyens qui nous restent de lui rendre une partie de son éclat.

CHAPITRE V

POURQUOI LES PRINCIPES DE LA MUSIQUE
SONT RESTÉS INCONNUS

Si les sages Égyptiens, et, à leur exemple, ceux dont ils furent les instituteurs, cachaient avec tant de soin les principes de cette science, et s'ils ne les révélaient qu'aux seuls initiés et dans le secret du sanctuaire, il ne faut pas croire que ce fut à cause de l'obscurité de ces principes ou de la difficulté qu'il y avait à les comprendre : on se tromperait fort. La plupart de ces principes et ceux de la musique, en particulier, étaient d'une extrême simplicité. Mais cette simplicité même était un écueil redoutable, que ces hommes prudents avaient voulu éviter. Ils savaient que rien ne mérite la vénération du vulgaire, que ce qui l'étonne ou l'intimide, ce qui est au-dessus de sa compréhension, de ses efforts, ce qui se voile d'une mystérieuse obscurité. Une chose qui se communique aisément, qui brille d'une clarté facile, que chacun, en la voyant, en la possédant pour la première fois, croit avoir toujours vue, toujours possédée, est une chose qui se dégrade à ses yeux et

qu'il ne tarde pas à mépriser. C'est la vérité qu'il faut
bien se garder de livrer à ses outrages. Le vulgaire
aime l'erreur précisément à cause de la fatigue qu'elle
lui donne à créer, qu'elle lui coûte à comprendre.

Il se l'approprie à force de soins, et voilà pourquoi il y tient ; c'est un sentiment d'amour-propre
qui l'attache à son ouvrage, car l'erreur est l'ouvrage
de l'homme et comme elle est une diversité de son
essence, chaque homme peut avoir la sienne ; tandis
que la vérité, qui émane de l'unité, est commune à
tous, est la même pour tous.

On ne saurait s'imaginer combien d'efforts inutiles,
d'efforts à contre-sens, les hommes ont faits, depuis
l'extinction des lumières et la fermeture des sanctuaires
antiques, pour retrouver les principes oubliés de la
musique ; combien de systèmes opposés se sont élevés,
combattus, renversés tour à tour. Il faut avoir lu tout
ce qui a été écrit sur cet objet, depuis Cassiodore et
Boëthius jusqu'à nos jours, pour s'en former une idée.

Le judicieux Tartini, après avoir fait une étude
précieuse de ces ouvrages, avoue qu'il n'y avait rien
trouvé qui pût l'éclairer, même sur la marche diatonique, dont il présume, avec raison, que les anciens
avaient à dessein caché le principe constitutif. « Il est
très certain, dit-il (1), que le défaut d'une connaissance parfaite du genre diatonique (dont il présume)
a toujours empêché et empêchera éternellement les
savants de remonter à la source de l'harmonie... »

_____

(1) *Principi dell' Armonia.* Préf., p. 1.

Ceux qui pensent que cette connaissance consiste seulement dans l'étude de l'échelle musicale se trompent ; mais leur erreur est involontaire, car, comment espérer de pénétrer dans la raison de cette échelle ? Ce n'est point, assurément, au moyen des livres des professeurs. Il n'y en a pas un seul qui traite solidement de cette question primordiale, pas même parmi ceux qui nous sont venus des Grecs. Il est bien vrai que Pythagore et Platon en ont laissé entrevoir les dehors, en découvrant ce qu'ils ont jugé nécessaire au développement de l'harmonie qu'ils regardaient comme la loi immuable de l'univers ; mais ils ont, en même temps, pris le soin jaloux d'en voiler les principes intimes dont ils avaient résolu de faire un mystère. Les écrivains grecs postérieurs, tels que Didyme, Aristoxène, Ptolomée, se sont contentés, par la suite, de jeter quelques lueurs sur ces dehors que les deux premiers philosophes avaient découverts et livrés à leurs discussions, sans jamais approcher des principes qui n'étaient pas de leur ressort.

Roussier, celui de tous les écrivains modernes qui a le plus approché de tous ces principes, attribue au seul hasard son heureuse découverte à cet égard, ne jugeant point que rien de ce qui a été écrit dans ces derniers temps eût pu le mettre sur la voie (1). Je dirai, en son lieu, comment ce savant théoricien, par son défaut de méthode, sa précipitation et ses préjugés, a été empêché de tirer de ses travaux le fruit qu'il

---

(1) *Mémoire sur la musique des anciens.*

en devait attendre, et pourquoi un principe aussi
précieux qu'il avait trouvé, est demeuré stérile entre
ses mains. Il est nécessaire, à présent, que je pré-
vienne une difficulté qui pourrait s'élever dans
l'esprit d'un lecteur attentif, en lui expliquant la
raison pour laquelle, de tant d'initiés qui ont dû
connaître les principes des sciences en général, et
ceux de la musique en particulier, aucun n'a été tenté
de les divulguer.

Les premiers instituteurs des mystères, pénétrés des
raisons que j'ai rapportées, et voulant imiter la divinité qui se dérobe à nos sens et se plaît à cacher les
ressorts de la nature, semèrent de difficultés les sen-
tiers de l'initiation, s'environnèrent des voiles de l'al-
légorie et ne parlèrent d'abord que par la voix des
symboles, afin de piquer davantage la curiosité des
hommes, les exciter à faire des reproches, et connaître
leur constance au milieu des épreuves sans nombre
qu'ils leur faisaient subir. Ceux qui parvenaient aux
derniers grades de l'initiation juraient de ne jamais
trahir les secrets qui leur étaient confiés, et prêtaient
aux autels de Cérès ou d'Isis le plus redoutable des
serments. Il ne leur était permis, en aucune façon, d'en
écrire, et ils ne pouvaient s'en entretenir de vive voix
qu'avec les seuls initiés. La peine de mort était également prononcée et contre le parjure qui osait manquer
à ses serments, et contre l'indiscret qui, sans être
initié, tentait de profaner les mystères.

L'opinion était si forte à cet égard que le criminel,
quel qu'il fût, ne trouvait aucun asile et que chacun

le fuyait avec horreur. Le poète Eschyle, soupçonné
d'avoir exposé sur la scène un sujet mystérieux, n'é-
chappa qu'avec peine à la fureur du peuple, et ne put
être absous du crime qu'on lui imputait, qu'en prou-
vant qu'il n'était pas initié. La tète de Diagoras fut
mise à prix pour le même objet. Andocide, Alcibiade,
furent accusés et coururent risque de perdre la vie.
Aristote n'échappa lui-même qu'avec peine aux pour-
suites de l'hiérophante Eurymédon. Enfin Philolaüs
courut un grand danger, et Aristarque, de Samos, subit
une accusation juridique, l'un pour avoir dit et l'autre
pour avoir écrit que la terre n'était pas au centre de
l'univers; divulguant ainsi une vérité que Pythagore
n'avait enseignée que dans les voiles du mystère.

Ainsi donc, les initiés, que la religion des serments n'aurait pas eu la force de retenir, étaient
empêchés de parler par la crainte des supplices: et
comme tout ce qui concernait les principes était oral
et traditionnel, il dépendait entièrement de l'hiérophante, seul dépositaire des traditions antiques, de
mesurer ses révélations sur la capacité reconnue des
initiés. C'est aussi ce qu'il fit, tant que, les mystères
conservant leur pureté originelle, il fut digne lui-même
de recevoir et de conserver le dépôt qui lui était
confié; mais dès que la corruption des mœurs publiques eut entraîné celle des lois, dès que le sanctuaire
lui-même ne fut point à l'abri du débordement, et
que l'hiérophante cessa d'être le plus vertueux des
hommes, alors, recevant la tradition sans l'apprécier
ni la comprendre, il en dédaigna la simplicité et l'al-

téra de toutes les manières pour l'accommoder à ses
fausses idées. L'initiation, dégénérant insensiblement,
ne fut plus qu'une cérémonie vaine. Les prêtres de
Cérès, comme ceux d'Isis et de Cybèle, tombèrent
dans le mépris et, par leurs farces ridicules et leurs
mœurs scandaleuses, devinrent la risée de la populace. Le secret des mystères disparut avec la vertu qui
en était la vie. Des protecteurs, tels que Commodi,
Caracalla et Domitien, en cherchant à ranimer ce ca-
davre, ajoutèrent encore à sa corruption, et les mystères, tout à fait dégénérés, ne furent plus que des
écoles de débauches, lorsque la vertueuse Isis, au lieu
d'un sanctuaire n'eut plus, à Rome, qu'un lieu de
prostitution, connu sous le nom de jardin de la
déesse.

Si quelques hommes privilégiés saisissaient, au milieu de ce désordre, un reste de vérité surnageant sur
la masse des erreurs, et osaient le produire, ou ils
n'étaient pas compris, ou, frappés des traits du ridicule, ils tombaient victimes d'une orgueilleuse ignorance. Les opinions et les préjugés du peuple s'éri-
geaient de toutes parts en science, et ceux qui avaient
des talents ne les employaient plus qu'à donner à ces
illusions une sorte de consistance, en les étayant de
quelque apparence de raison. C'est ainsi que le
célèbre Ptolémée, dans le second siècle de l'ère chré-
tienne, après avoir, à force de calculs, réduit en système astronomique l'opinion de la populace touchant
les mouvements des corps célestes, entreprit aussi de
donner un fondement aux erreurs de son temps sur la

musique. Il avait été guidé, dans le premier travail, par
Eudoxe, il le fut, dans le second, par Didyme et Aristoxène. Cet Aristoxène, disciple d'Aristote et par
conséquent ennemi de Platon, avait fait son livre
dans la seule vue de combattre la doctrine spéculative,
d'opposer le physique au moral, le sensible à l'intellectuel, et d'élever ainsi le Lycée sur les débris de
l'Académie. Il soutenait, contre le sentiment de
Pythagore, que c'était à l'oreille seule à juger de la
justesse des intonations musicales. On peut voir, par
ce que rapporte Cicéron, jusqu'à quel point il cor-
rompait les idées de Platon, en ayant l'air de les
expliquer. Il disait que, comme le chant est dans les
instruments, la proportion fait l'harmonie, de même
toutes les parties du corps sont tellement disposées,
que, du rapport qu'elles ont les unes avec les autres,
l'âme en résulte.

Voilà l'idée que Cabanis a trop éloquemment développée, en présentant, ainsi qu'Aristoxène, l'âme
comme une faculté du corps. Des quatre cent cinquante-
trois volumes qu'Aristoxène avait composés, un seul
nous est resté, c'est celui sur la musique que Meibon-
nius a traduit.

CHAPITRE VI

VICISSITUDES DE CETTE SCIENCE

Théou, de Smyrne, élève de Platon, écrivit pour soutenir la doctrine de son maître ; comme il était sans doute initié, et qu'il ne pouvait parler ouvertement des principes, ses comparaisons et ses expressions obscures ne purent empêcher l'ascendant que prit rapidement le système d'Aristoxène, plus clair en apparence et s'attachant de plus près à la physique d'Aristote, dont la célébrité commençait à s'établir. D'ailleurs, les esprits fortement inclinés au matérialisme offraient, à tout ce qui était physique, une prise que la métaphysique n'y trouvait plus. Alors s'élevèrent deux sectes rivales : celle des pythagoriciens qui voulurent que les intervalles musicaux fussent fixés d'après certains rapports authentiques, dont ils ne dévoilaient pas les principes ; et celle des aristoxéniens, qui prétendaient s'en tenir au jugement de l'oreille pour la fixation de ces mêmes intervalles dont ils indiquaient les rapports, d'après le calcul de l'expérience.

Il n'est pas douteux que ces deux sectes conten-

dantes n'aient produit tour à tour une multitude de
livres polémiques, dont le temps nous a épargné les
vaines discussions. Nous savons seulement que
Damon, le maître de Socrate, Analixas, roi de Zangle,
Aristophane, le fameux Démocrite, d'Abdère, Antis-
thène, le fondateur de cyniques, Euclide, Dioclès, Philolaüs, Timothée, Mélanipide, Lucien, Porphyre,
Apulée, Jamblique, et une foule d'autres avaient écrit
sur la musique. On a le traité de Plutarque, où l'on
voit que, loin d'éclairer la question, tant de disputes
n'avaient servi qu'à l'embrouiller. De l'oubli des principes et de l'incertitude des expériences, naissaient
une foule de contradictions. Chacun avait son système
et son intonation particulière. Ptolémée qui, comme
je l'ai dit, entreprit de soumettre à de certaines
règles ces opinions discordantes, fut obligé d'admettre
cinq espèces de diatoniques : le diatonique mol, le
tonique, l'ancien, l'intense et l'égal. Enfin les ténèbres, toujours croissantes, s'augmentèrent encore par
la submersion de l'empire romain qui, envahi, d'un
côté, par une religion, de l'autre par des essaims toujours renaissants de Barbares, privé de vertus et par
conséquent incapable de résister à cette double atta-
que, céda de part et d'autre, se déchira lui-même, et
finit, en s'écroulant, par étouffer sous ses débris un
peu de la science et des lumières qui restaient encore.

La musique disparut. Les hordes farouches qui prétendaient à l'empire du monde n'étaient point propres, dans la rudesse et la grossièreté de leur berceau,
à goûter beaucoup les douceurs de la mélodie, et le

culte que leur préparait la Providence, né dans l'obscurité et nourri parmi la classe la plus ignorante du
peuple, n'était point destiné à leur inspirer d'abord
l'amour des sciences. C'était un frein imposé à leur
barbarie, un ferment nécessaire au futur renouvelle-
ment des lumières. Je ne rappellerai point ici l'épou-
vantable tableau que les écrivains contemporains ont
tracé de ces hordes dévastatrices. L'historien Procope
assure qu'un sentiment d'humanité arrête sa plume,
et qu'il ne veut pas transmettre à la postérité des
détails capables de l'effrayer. Idace, Isidore, Victor de
Vite, saint Augustin, cherchent en vain des expressions assez énergiques pour peindre les horreurs dont
ils sont les tristes témoins. Ces Barbares, non seulement ignoraient les arts, mais encore ils les mépri-
saient. Le nom Romain, pour eux, renfermait tout ce
qu'on peut imaginer de bas et de lâche, d'avare et de
vicieux. Ils regardaient les sciences comme la source
de la corruption et de l'avilissement de l'âme. Or, les
premiers chrétiens avaient absolument les mêmes
idées. C'étaient, de l'aveu des historiens, des hommes
de la plus basse condition, sans éducation et sans
lettres. Ils condamnaient tous les arts comme perni-
cieux et le commerce comme inique. Un de leurs plus
célèbres écrivains, Clément d'Alexandrie, proscrivait
la musique, tant vocale qu'instrumentale, et défen-
dait surtout de jouer de la flûte. Ainsi les peuples et la
loi qu'ils devaient subir étaient faits l'un pour l'autre,
et la Providence seule pouvait prévoir qu'il sortirait
de cet amalgame effrayant, la nation éclairée et sage

qui domine à présent sur l'Europe, et dans le sein de laquelle les sciences doivent renaître plus brillantes que jamais.

Plutarque rapporte qu'un roi des Scythes, nommé Athéas, ayant entendu un habile joueur de flûte, dit qu'il aimait mieux le hennissement de son cheval. On sait, par une infinité de témoignages, que ces peuples avaient une telle aversion pour les sciences et pour les livres qui en traitent, qu'ils les détruisaient partout où la guerre les rendaient maitres. Le ravage et l'incendie suivaient partout leurs pas. Cet esprit de haine et de destruction fut encore échauffé et nourri par celui d'une religion intolérante. Près de trois siècles après leurs plus violentes incursions, et lorsque, fixés depuis longtemps, ils devaient être plus calmes, le pape saint Grégoire n'en faisait pas moins détruire par leurs mains les plus beaux monuments de Rome et brûler autant de livres antiques qu'il en pouvait saisir. C'est à ce pape que nous devons les premiers éléments de la musique moderne et le chant qu'on appelle *grégorien* en mémoire de son nom. C'est sur ce chant que se règle encore notre mélodie et que notre harmonie a pris sa naissance. Saint Grégoire, implacable ennemi de tout ce qui venait des Grecs et des Romains, qu'il regardait comme inspirés du démon, substitua au tétracorde ancien, un heptacorde, c'est-à-dire qu'au lieu de la quarte, dans laquelle Pythagore avait renfermé les bornes du mode, ce pape posa une septième et voulut qu'on entonnât sept sons de suite, au lieu de quatre, ne donnant, du reste, aucune raison de

ce changement, et n'appuyant son échelle musicale,
d'aucun principe solide.

Malgré sa puissance et les exhortations du vénérable
Bède qui compare à des bêtes brutes, ceux qui chantent sans savoir ce qu'ils font, la musique grégo-
rienne fut longtemps inconnue dans les Gaules ; les
peuples barbares qui habitaient ces contrées avaient
trop peu de goût, trop peu de flexibilité dans les
organes de la voix, pour sentir les charmes de la musique et chercher à s'instruire dans cet art. Leur langue
sourde, remplie de sons gutturaux, était plus propre à
peindre les croassements des grenouilles et des canards
qui peuplaient les marais d'où ils sortaient, que la
douce mélodie des oiseaux respirant l'air plus pur des
montagnes méridionales. Malgré les efforts que firent
successivement en France, Pépin, Charlemagne et
Louis le Débonnaire, le chant des églises ne consista
longtemps qu'en une sorte de psalmodie rauque et
monotone, dans laquelle saint Ambroise avait essayé,
avant la réforme de saint Grégoire, d'entremêler
quelques traits des chants ...dques et quelques débris
échappés à la destruction. Alfred fit aussi des efforts
inutiles pour introduire en Angleterre le chant grégorien. La musique ne put sortir de son engourdissement que lorsqu'une étincelle de génie (couvant),
perçant la nuit profonde qui couvrait l'Europe, on vit
descendre du chant des montagnes Occitaniques, les
premiers poètes et les premiers chanteurs modernes.
C'est aux troubadours qu'on doit la renaissance de la
musique. Ce sont eux, comme je l'ai dit dans un ou-

vrage de ma jeunesse, qui, paraissant au milieu des ténèbres de l'ignorance et de la superstition, en arrêtèrent les ravages.

Ils adoucirent l'âpreté des mœurs féodales, tirèrent le peuple de son fatal engourdissement, ranimèrent les esprits, leur apprirent à penser et firent naître enfin cette aurore de lumière dont le jour bienfaisant éclaire aujourd'hui les nations.

CHAPITRE VII

ORIGINE DU SYSTÈME MODERNE
(Suite.)

———

Le règne des troubadours fut d'environ trois cents ans ; c'est-à-dire qu'il s'étendit depuis le milieu du XI° siècle jusqu'au commencement du XIV° siècle.

Vers ce temps, Gui d'Arezzo ayant trouvé une nouvelle méthode de noter et de solfier la musique, facilita beaucoup son étude. Malgré cela, ce n'est guère qu'à la cour de ce prince, qu'on regarde comme le restaurateur des lettres en France, que cet art se développa avec quelque éclat. C'est à cette époque que l'harmonie commença à se faire connaître et que naquit ce qu'on appelle le contrepoint. Jusque-là, la musique s'était bornée à une sorte de mélodie qui, à le bien prendre, n'était qu'une vraie psalmodie chantante à une seule partie, ainsi qu'on peut s'en convaincre par les manuscrits qui nous restent encore du recueil des chansons du comte de Champagne et du comte d'Anjou. Ainsi cette science, qui s'était éteinte avec l'Empire d'Occident, fut ranimée environ mille ans après, lorsque l'Empire d'Orient contraignant les Grecs d'abandonner leur patrie inondée par les Turcs, on vit les antiques écrivains grecs et latins sortir de leurs tombeaux, pour ainsi dire, et venir achever ce que les troubadours avaient heureusement commencé. La réforme de Luther donne en même temps un mouvement salutaire aux esprits ; la découverte de l'Amérique, l'invention de l'imprimerie, signalèrent aussi cette époque mémorable de l'histoire des hommes. Tout contribua enfin à l'accroissement des lumières.

Cependant, à mesure que la musique pratique se perfectionnait, à mesure que les artistes se formaient à la cour de Henri II, où la fameuse Catherine de Médicis avait amené ce que l'Italie possédait de parfaits symphonistes, les savants du temps cherchant à fixer la théorie de cet art, ils lisaient Boëthius et Guy d'Arezzo, et s'élevaient quelquefois jusqu'à Ptolémée ; mais perdus par la foule de distinctions que font ces écrivains, ils étaient loin de saisir rien qui pût les ramener aux principes fondamentaux. Roussier assure cependant qu'un certain Lefèvre d'Estaples avait composé, vers le milieu du XVIᵉ siècle, un ouvrage élémentaire où il avait admis les proportions de Pythagore telles qu'il les avait trouvées énoncées dans Guy d'Arezzo et dans Boëthius. Le fait me paraît plus qu'hypothétique, d'autant plus que ces auteurs sont fort loin de rien annoncer de bien clair à ce sujet. Quoi qu'il en soit, cet ouvrage qui, peut-être, contenait quelques vérités, resta ignoré, tandis que celui composé peu de temps après par Zarlin, obtint un succès général et prépara aux plus graves erreurs.

Zarlin, auquel nous devons les principes théoriques sur lesquels repose notre système moderne, était maître de chapelle de Sainte-Marie à Venise. On ne peut nier que ce ne fût un habile artiste et un théoricien érudit ; mais il manquait de génie pour suivre les conséquences d'une vérité, et de force pour y rester attaché. Quoiqu'il connût fort bien les proportions légitimes que doivent suivre les sons diatoniques, chromatiques et enharmoniques, et qu'il avoue que ce sont celles que donnent la nature et la science, celle de Pythagore et de Platon, il n'en crée pas moins, d'après Ptolémée, une série de proportions factices et d'intonations fausses, afin, dit-il, de se conformer à la date du contrepoint qui les exige. Ainsi, selon lui, on ne peut faire de l'harmonie qu'en violant les principes de l'harmonie, et former des accords sans discorder les voix et les instruments. Chose étrange ! c'est que Salinas, célèbre écrivain espagnol qui combat Zarlin par des opinions assez frivoles, se réunit en ce point et pense de bonne foi, comme lui, qu'il faut renoncer à la justesse des sons pour en former une harmonie simultanée.

Vincent Galilée, père du fameux promoteur du système de Copernic, fut le seul qui osa s'opposer aux erreurs de Zarlin ; mais, il ne put empêcher qu'elles envahissent promptement l'Italie, d'où elles furent portées en Espagne, en France, et dans le reste de l'Europe.

Les auteurs italiens qui ont écrit sur la musique, et Martini même, ont adopté les proportions factices de ce

théoricien en reconnaissant presque tous leur fausseté.
Le fameux Rameau, en France, et Martini, en Italie,
n'ont eu pour but, dans leurs différents systèmes, que
de donner un fondement à ces proportions qu'ils
croyaient inséparables de l'harmonie. Euler, en Allemagne, les a suivies dans ses écrits sur la musique ; et
le célèbre Descartes, Kircher, d'Alembert, J.-J. Rousseau, enfin, et une foule d'autres, dont il est inutile de
citer les noms après ceux-là, n'ont pas établi leurs calculs sur autre chose.

Voici donc, d'après la théorie de Zarlin, généralement adoptée, quels sont les éléments de notre système
moderne : sur sept sóns diatoniques : *ut, re, mi, fa,
sol, la, si,* trois, *ut, fa, sol,* sont justes ; un, *re,* est
alternativement juste ou faux, suivant qu'on le considère comme quinte de *sol,* ou *sixte* de *fa* ; et trois,
mi, la, si, sont entièrement faux.

Ces sept sons diatoniques donnent quatorze sons
chromatiques, puisqu'ils peuvent tous éprouver l'al-
tération du dièse ou du bémol. Or, ces quatorze sons
chromatiques sont tous faux sans aucune exception.
Pour ce qui est des sons enharmoniques, ils n'existent
pas.

On voit, d'après cet exposé, dont on ne peut trouver
les preuves que dans l'ouvrage de Roussier, avant
que je les donne moi-même, que les voix, forcées par
certains instruments, — et principalement par ceux
qui les forment à la musique, comme le piano, le clave-
cin, la harpe ou la guitare — de suivre des intonations
factices, forcent à leur tour les autres instruments qui

les accompagnent, de les prendre de même sous peine de détoner; et qu'il résulte de cette méthode que notre genre diatonique est tantôt juste et tantôt faux; que notre chromatique n'offre rien de juste,' et que nous n'avons pas de genre enharmonique.

Il faut convenir que si c'est, comme l'ont avancé Zarlin, Salinas et Martini, et comme l'a cru Rameau, pour avoir une harmonie que nous avons adopté un pareil système, notre harmonie ne mérite guère le nom qu'elle porte, et qu'on devait plutôt lui laisser son nom gothique de contrepoint; il faut convenir aussi que nos symphonistes n'ont pas tant lieu de s'étonner si leur musique moderne ne produit pas les miracles de l'ancienne, puisqu'ils osent s'écarter ainsi des vrais principes de la nature et corrompre la sensibilité de l'oreille, au point d'accoutumer cet organe à recevoir trois sons faux sur sept diatoniques, à ne jamais entendre un seul son chromatique qui soit juste, et à ignorer tout à fait les charmes du genre enharmonique. Si les Grecs avaient eu un système musical semblable au nôtre, je ne comprendrais rien non plus aux merveilles dont ils se vantent; car je verrais une contradiction palpable entre la faiblesse de la cause et la force de l'effet. Mais je puis assurer que la partie élémentaire et physique de ce système, étroitement unie à la partie intellectuelle et morale, en avait toute la rectitude et que l'une et l'autre, agissant à la fois et sur l'esprit et sur les sens, doublaient par l'unité d'action leur impression réciproque. Il est vrai que l'extrême justesse que l'oreille, accoutumée à cette rectitude,

exigeait dans les sons, rendait l'exécution instrumentale difficile et permettait peu de ces traits brillants,
de ces tours de force, de ces hardis débanchements,
où nos symphonistes placent tout leur mérite; mais,
comme le disait un ancien cité par Athénée, ce n'est
ni dans la hauteur des sons, ni dans leur rapidité que
consiste l'excellence de l'art; mais dans la manière
énergique et rapide dont les sons s'élèvent à la hauteur
du sujet.

CHAPITRE VIII

ÉTYMOLOGIE DU MOT MUSIQUE

LE NOMBRE CONSIDÉRÉ COMME PRINCIPE MUSICAL

———

Le mot musique nous est venu du grec, *mousikè*, par le latin, *musica*. Il est formé, en grec, du mot *mousa*, la muse, qui vient de l'égyptien, et de la terminaison grecque *ikè*, dérivée du celte. Le mot égyptien *mas* ou *mous*, signifie proprement la génération, la production ou le développement extérieur d'un principe ; c'est-à-dire la manifestation formelle ou le passage en acte de ce qui était en puissance. Il se compose de la racine *âsh*, qui caractérise le principe universel primordial, et de la racine *mâ*, qui exprime tout ce qui se génère, se développe, s'accroît, prend une forme à l'extérieur. *As* signifie, dans une infinité de langues, l'unité, l'être unique, DIEU, et *mâ* s'applique à tout ce qui est fécond, formateur, générateur ; il veut dire proprement *une mère*.

Ainsi le mot grec *mousa* (muse) s'est appliqué, dans son origine, à tout développement de principe, à toute

sphère d'activité où l'esprit passe de puissance en
acte et se revêt d'une forme sensible. C'était, dans son
acceptation la plus restreinte, une manière d'être,
comme l'exprime le mot latin *mos*. La terminaison
ikè (ique) indiquait qu'une chose était rapportée à
une autre par similitude, ou qu'elle en était une
dépendance, une émanation. On trouve dans toutes
les langues du Nord de l'Europe, cette terminaison
écrite *ich*, *ig* ou *ick*. Elle s'attache au mot celtique
aich, qui veut dire égal, et tient à la racine égyptienne et hébraïque *àch*, symbole de l'identité, de
l'égalité, de la fraternité.

Si, d'après l'étymologie que je viens de donner au
mot musique, on saisit le sens étendu que les Egyptiens attachent à l'origine, on aura moins de peine à
concevoir les acceptions diverses sous lesquelles ces
derniers ont pris leurs muses et l'influence universelle qu'ils ont attribuée à la science qui les désignait
particulièrement. On comprendra facilement pourquoi ils considéraient tous les arts d'imitation comme
une appartenance de la musique, puisque, suivant la
signification de ce mot, tout ce qui sert à produire la
pensée au dehors, à la rendre sensible d'intellectuelle qu'elle était, à la faire passer de puissance en
acte, en la revêtissant d'une forme appropriée, lui
appartenait. Les Egyptiens semblaient n'avoir compté
que trois muses : *Mélété*, *Mnémé*, *Aœdé* ; c'est-à-dire
celle qui produit ou génère, celle qui conserve ou
désigne, celle qui idéalise et rend compréhensible.
Les Grecs en portèrent le nombre jusqu'à neuf, en

distinguant davantage les attributs. Ils les dirent
filles de *Zeus* et de *Mnémosine*, c'est-à-dire de l'être
éternellement vivant et de la faculté mémorative, et
les nommèrent : *Clio*, celle qui célèbre ; *Melpomène*,
celle qui chante les faits dignes de mémoire ; *Thalie*,
celle qui s'épanouit, qui cherche l'agrément ; *Euterpe*,
celle qui ravit ; *Terpsichore*, celle qui se délecte de la
pause ; *Erato*, celle qui aime ; *Calliope*, celle qui
raconte les faits éclatants ; *Uranie*, celle qui considère
le ciel ; *Polymnie*, celle qui explique les différents
arts. Les neuf muses reconnaissaient pour chef
Apollon, le générateur universel, et prenaient quelquefois pour guide *Hercule*, le seigneur et le maître de
l'univers.

Comme les modernes ont, depuis longtemps, déta-
ché la musique proprement dite de la science musicale en général, je vais suivre leur exemple en ce
point et considérer la musique comme cette partie de
la science qui, pour rendre sensibles les conceptions
intellectuelles de l'homme, emploie, à l'extérieur, deux
éléments constitutifs, le son et le temps, en les
prenant, l'un pour matière et l'autre pour règle de la
forme qu'elle leur donne au moyen de l'art. Mais le
son, en tant que production du corps sonore, n'est
appréciable à l'oreille de l'homme que par les vibrations qu'il communique à l'air, suivant certains
calculs dépendant du nombre ; il n'acquiert les propriétés mélodiques et harmoniques, c'est-à-dire qu'il
ne s'élève ou ne s'abaisse, ne procède de l'aigu au
grave et du grave à l'aigu, que suivant certaines pro-

portions également dépendantes du nombre ; en sorte que le nombre se trouve partout inhérent aux éléments musicaux et leur est évidemment antérieur et, toujours nécessaire à une autre chose, est irrésistiblement déclaré le principe de cette chose.

Le nombre est donc le principe de la musique, et nous pouvons, à l'aide de ses propriétés connues, découvrir celles du son et du temps, relativement à cette science. Laissant, d'ailleurs, à la physique et à métaphysique à s'occuper de ce qui concerne leur essence particulière ou absolue, tout ce qu'il nous importe de savoir du son en lui-même, c'est qu'il se distingue du bruit au moyen de certains rapports qui naissent encore du nombre, car, comme je l'ai dit dans un autre ouvrage (1), les bruits ne sont, en effet, que la somme d'une multitude de sons divers se faisant entendre à la fois et contrariant en quelque sorte leurs ondulations ; et les sons s'éloignent des bruits et deviennent d'une nature de plus en plus harmonique à mesure que le corps qui les produit est plus élastique, plus homogène, formé d'une substance dont le degré de pureté et de cohésion est plus parfait et plus égal ; en sorte que l'on peut conclure qu'un corps est d'autant plus brillant qu'il est divisé en masses inégales de solidité et de contexture et d'autant plus sonore qu'il se rapproche le plus de l'homogénéité.

Il résulte des expériences tirées dans l'ouvrage

(1) *Notions sur le sens de l'ouïe.*

4

d'où je prends cette assertion, que l'ouïe de l'homme s'ouvre d'abord au bruit et que (d'abord), passant successivement de l'enharmonique à l'harmonique ou de la diversité à l'unité, elle arrive au son. Telle paraît être en tout la marche de la nature ; l'unité *absolue* est son but, la diversité son point de départ ; l'unité relative ses moyens de repos. Les physiciens, qui ont calculé le nombre de vibrations que fournissent les corps sonores dans un temps donné, assurent que le son le plus grave que notre oreille puisse saisir est celui d'un corps qui donne vingt vibrations par seconde, et le son le plus aigu celui d'un corps dont le nombre de vibrations s'élève à quarante mille dans le même espace de temps.

CHAPITRE IX

DÉFINITION DE LA MÉLODIE :

COMMENT ELLE EST PRODUITE ET MODIFIÉE

Suivant la définition vulgaire, la mélodie est une succession de sons tellement ordonnés entre eux, suivant les lois de la modulation et du rythme, qu'elle forme un sens agréable à l'oreille. Mais, il me semble qu'on pourrait demander, à ceux qui se contentent de cette définition, ce qu'ils entendent par le sens agréable à l'oreille et comment il est possible qu'une succession de sons forme un sens. Je ne crois pas qu'on ait jamais dit que la peinture consistât dans une succession de couleurs, ni la poésie dans une succession de mots, quoiqu'il soit évident que leur partie matérielle ne consiste pas dans autre chose. Ce n'est pas la succession des sons qui fait la mélodie, mais bien la pensée qui a présidé à cette succession. Des sons que le hasard ou le calcul des convenances rapproche les uns des autres, peuvent bien offrir à l'oreille un bruit agréable, mais non pas un sens ; comme des couleurs variées peuvent bien flatter les yeux, sans rien présenter pourtant qui ressemble à un tableau.

Disons-le hardiment : il n'existe pas plus de mélodie sans pensée, qu'il n'existe de tableau ou de poème. Les sons, les couleurs et les mots, sont les moyens que la musique, la peinture ou la poésie mettent en œuvre pour en revêtir diversement la pensée et donner une forme extérieure à ce qui n'existait d'abord que par l'intelligence. Chacun de ces arts a sa manière propre d'agir. La poésie animée d'une pensée générale la particularise pour la faire saisir ; la musique, au contraire, frappée d'une pensée particulière, la généralise pour en augmenter la douceur et la force. La peinture laisse chaque pensée dans sa sphère et se contente d'en fixer l'effet que les deux autres arts laissent souvent incertain et fugitif, ne pouvant ni l'un ni l'autre se passer du mouvement que celui-ci ne connaît pas. Ainsi la poésie et la musique se prêtent un secours mutuel et s'embellissent réciproquement ; car la poésie détermine ce que la musique a de trop vague, et la musique étend ce que la poésie a de trop restreint. En sorte que l'on peut les imaginer l'une et l'autre comme deux ministres de la pensée, dont le premier, transportant les idées du ciel à la terre, particularise ce qui est universel, et dont le second, les élevant de la terre au ciel, universalise ce que la poésie a de particulier ; tandis que la peinture, fixant l'imagination que l'une et l'autre agitent en sens contraire, arrête l'âme sur le point qu'elle veut offrir à sa contemplation.

D'après cette observation sur la nature et l'objet de

la musique considérée comme art, je crois que l'on doit définir la mélodie qui en constitue l'essence, non comme une succession agréable de sons, mais comme l'expression d'une pensée fournie directement ou indirectement par la poésie et rendue universelle de particulière qu'elle était, au moyen de sons successifs, dont l'authenticité, la coordination et la durée sont déterminées par les lois du système mu...ical.

Quant à la pensée productive de la mélodie en particulier ou de tout ce qui avait rapport à la musique ou aux beaux-arts en général, voici ce qu'en disaient les anciens. Ils disaient que le génie enfante tout ce qui est sublime et que rien de sublime ne saurait être enfanté sans lui. Ils croyaient qu'à lui seul appartient de parler des choses divines et que la mélodie qu'il crée est seule digne de porter aux dieux les prières des hommes, et seule capable d'éveiller dans l'âme des hommes l'idée et l'amour de la Divinité. Ils regardaient la science comme suppléant quelquefois au génie sans le remplacer jamais. Ils donnaient à la pensée qui en émane le pouvoir de connaître toutes les choses humaines et d'en saisir les rapports. La mélodie qu'elle crée, ils la voyaient propre à peindre les œuvres de la nature, à émouvoir les passions des hommes ou à les calmer, à retracer les événements de la vie ou à servir à son bonheur, en allégeant les travaux et calmant la douleur. La pensée du génie présidait à la mélodie sacrée et son véritable domaine était le temple. La pensée de la science déployait sa force dans la mélodie dramatique, et régnait principalement au théâtre.

C'était juste l'inverse de ce qui se fait aujourd'hui.

Mais, comme il est rare que l'homme reste dans une harmonie parfaite, lorsque la vertu qui l'épure n'est pas assez forte pour l'élever jusqu'à la lumière intellectuelle, les anciens enseignaient que, dans sa perturbation, elle laisse primer tantôt une faculté, tantôt une autre ; et, que, dans le cas où la vertu y cède à l'empire du vice et s'y affaiblit au point de s'y éteindre, son principe s'obscurcit, l'ignorance et l'orgueil systématiques usurpent la place de la vérité, et règnent par l'opinion, le préjugé et l'intérêt.

Lorsque l'âme n'éprouve que la perturbation dont j'ai parlé, la pensée qui en émane y devient analogue à celles de ses facultés qui y dominent. La faculté idéative exaltant l'imagination, donne à ses productions et particulièrement à la mélodie une teinte romantique, et suivant la partie de l'âme vers laquelle incline le principe (astrologique) psychologique, crée des objets fantastiques, dépendant de la raison, de la passion ou de la volupté. De son côté, la faculté mémorative, agissant en souveraine, retrace le souvenir des objets dont l'âme s'est le plus fortement occupée, suivant les mêmes lois, et les décrit avec facilité. C'est d'elle qu'émane la faculté descriptive et que le théâtre reçoit ses tableaux dramatiques les plus frappants, surtout lorsque sa puissance s'exerce dans la partie irascible et passionnée de l'âme. Enfin, c'est de la faculté conceptive que résulte principalement le talent : elle saisit facilement le rapport que les choses ont entre elles, connaît les formes, développe et applique les règles.

La mélodie qu'elle produit est régulière mais froide, surtout quand son empire s'exerce dans la partie rationnelle. La partie passionnée l'échauffe un peu, mais seulement dans les formes. L'homme que guide, dans ses compositions musicales, la faculté idéative, a une sorte d'exaltation que le vulgaire peut confondre avec celle que procure le génie, quoiqu'elle en diffère essentiellement ; celui que domine la faculté mémorative a de la force et de l'agrément, et celui qui suit la faculté conceptive, du talent. L'un travaille avec feu, l'autre avec esprit, le troisième avec froideur.

On doit sentir, d'après ce que je viens de dire, qu'on ne peut jamais enseigner à personne comment se doit faire une méthode quelconque, puisqu'elle dépend entièrement de la pensée du compositeur, laquelle pensée prend sa source dans son âme, dont elle porte le caractère. Tout ce qu'on peut faire, c'est de montrer à cette pensée les matériaux qu'elle doit employer et les moyens qui lui sont donnés par la nature pour les modifier.

CHAPITRE X

SYSTÈME MUSICAL DES CHRÉTIENS
ORIENTAUX

Il est présumable que le système musical des Orientaux posséda, dans l'antiquité, une méthode quelconque de noter les sons, puisque les Égyptiens, les Phéniciens et les Grecs, dont la musique a beaucoup influé sur celle des Persans, employaient, comme nous le savons, les uns les sept voyelles, et les autres toutes les lettres de l'alphabet. Mais par une suite des révolutions qui ont bouleversé à plusieurs reprises l'Asie et l'Afrique, il paraît bien que le souvenir de cette méthode s'était entièrement perdu en Orient; du moins est-il certain que ni les Arabes, ni les Persans ne connaissaient point de signes pour noter leur musique, avant un certain Démétrius Cantemir, qui essaya, en 1673, de faire adopter les lettres numérales pour cet objet. Son invention, qui eut quelques succès en Turquie et particulièrement à Constantinople, n'est point encore généralement adoptée en Perse ni en Arabie. L'Égypte même semble y être restée tout à fait étrangère, d'après ce que racontent les Français qui ont séjourné dans cette contrée. La première fois, disent ces écrivains, que les Egyptiens virent les musiciens français noter un air tandis qu'ils le chantaient, et l'exécuter ensuite après eux, ils s'imaginèrent qu'il y avait de la magie dans ce procédé tout simple. Cela prouve combien la science musicale est négligée en Egypte, et confirme l'assertion de ces mêmes écrivains qui présentent leur pratique musicale comme une routine aveugle qui va en se dégénérant de plus en plus.

Les chrétiens orientaux ont, selon leurs sectes, différents systèmes de musique qui s'éloignent assez de celui des Arabes, des Persans et des Turcs; leur notation ne ressemble pas non plus à celle dont je viens de parler.

Les ETHYOPIENS, qui méritent le premier rang parmi ces chrétiens orientaux, se servent des caractères alphabétiques pour noter leur musique; mais, ces caractères, qui forment quelquefois un mot d'une ou de deux syllabes, indiquent plutôt les intervalles des sons, que les sons eux-mêmes. Ainsi *hé* exprime le demi-ton ascendant ou le dièze; *se* le demi-ton descendant ou le bémol; *ka*, le ton; *hau*, la tierce diapeutique; *oua*, la tierce diatessarique; *é*, la quarte; *zahé*, la quinte, etc., etc. Le système musical de ces chrétiens, qu'ils assurent avoir été inspiré par le Saint-Esprit à un saint personnage nommé Jared, a trois modes : le mode *guez*, correspondant au mode lunaire, modulation plagale ayant sa finale en *mi*; le mode *ezel*, correspondant au solaire, modulation plagale ayant sa finale en *mi* ou en *fa*; et, enfin, le mode *avaraï*, le plus

solennel de tous puisqu'il est destiné aux grandes
fêtes, qui est un mélange de solaire et d'hermaïte, ayant
sa finale en *mi* ou en *sol*. Le chant des Ethyopiens,
qui était autrefois très simple, est aujourd'hui surchargé
d'ornements comme celui des Arabes. On peut juger
du changement étrange qu'il a subi en comparant une
strophe donnée par Kircher, il y a environ 150 ans,
et redonnée depuis avec les ornements qui y ont été
ajoutés. On voit, en place du chant grave et majes-
tueux, un chant tortillé, maniéré et sans expression.
Tous les chants sacrés des Ethyopiens et des Abyssins
sont dans ce genre.

Les COPTES, qui sont les restes des anciens Egyptiens, ont une musique encore plus mauvaise que celle
des Ethyopiens. Non seulement elle est remplie de
misérables fredons, de roulades, de ridicules bro-
deries, mais leurs chants sont d'une telle langueur
et rendent leurs cérémonies si fatigantes par leur
assommante monotonie, que ceux qui y assistent sont
obligés d'avoir des béquilles sous les aisselles pour se
soutenir debout tant que dure l'office divin.

Les auteurs de l'état actuel de l'*Art musical en
Egypte* rapportent un chant copte qui paraît être dans
le mode de *si* principe. Le système musical des Coptes
se compose de dix modes, mais la différence qui distingue leurs modulations diverses est si peu de chose
et leur mélodie est si fade que les auteurs cités ont
été hors d'état de les apprécier.

Les chrétiens de la Syrie appelé JACOBITES, ne
possèdent aucune méthode de notation pour la

musique sacrée. Ce qu'ils savent de cette musique se conserve par tradition. Ils ont deux espèces de chants ainsi que deux espèces de rites, institués, l'un par saint Ephrem, diacre de l'Église d'Edesse qui vivait en l'an 370, et l'autre par un disciple d'Eutychès, nommé Jacob. Ils appellent le chant du rite de saint Ephrem *Meshouhbo Ephremeïto*, et celui du rite de Jacob *Meshouto Jacoboïto*. Chacun de ces systèmes se compose de huit modes, parmi lesquels on remarque les modulations authentiques et plagales des modes principaux Dorien, Phrygien et Hydéen, ou Jovien, Martial et Solaire. La mélodie syriaque est agréable et beaucoup moins chargée d'ornements que celle des Ethyopiens.

Les Arméniens se servent de sortes d'accents pour noter leur musique, et ces accents ne diffèrent pas beaucoup de ceux qu'ils emploient pour indiquer les inflex de la mélodie. Mais il parait bien que, comme les autres peuples orientaux, ils en sont venus à surcharger d'ornements superflus leur mélodie, qui était d'abord très simple. La preuve de cela c'est que Shroder, qui fit imprimer, il y a environ cent ans, un ouvrage sur la langue des Arméniens, intitulé : *Thesaurus linguæ armenicæ*, donna la musique des huit tons du chant religieux de ces chrétiens orientaux. Or, cette musique est très simple dans son livre, tandis que, dans les exemples qu'en ont donnés récemment les Français revenus d'Egypte, on remarque une foule d'ornements qui appartiennent véritablement au goût du chantre arménien qui les leur a dictés, et qui ne sont plus d'ailleurs exprimés dans les signes musicaux qu'ils rapportent.

Ces chrétiens attribuent l'invention de leur musique à un de leurs anciens patriarches qui vivait vers l'an 364 et qui la devait à une inspiration du Saint-Esprit. Cette musique est, d'après le témoignage de ceux qui ont été à portée de la juger, une des meilleures qui existent aujourd'hui en Orient. Sa mélodie peint cette sorte de gaîté et de bonheur qu'éprouvent des gens naturellement actifs et industrieux, qui se plaisent dans ce travail et qui n'ont jamais connu l'ennui.

Les Français revenus d'Egypte, auteurs de l'*État actuel de la France musicale* dans cette contrée, ayant remarqué que les Orientaux, en général, avaient beaucoup de chants en forme de récitatifs, ont fait là-dessus des réflexions fort judicieuses ; il est certain aussi qu'ils l'ont avancé, que les anciens Grecs distinguaient trois espèces de chant : l'un, purement musical, dont les sons étaient modulés, l'autre, purement oratoire, dont les sons n'étaient pas modulés, et le troisième qui, participant de ces deux, appartenait à la récitation poétique. Ces trois espèces de chants existent, selon eux, encore aujourd'hui en Egypte, à quelques altérations près, que l'ignorance et le mauvais goût leur ont fait subir, mais qui ne les rendent pas tellement méconnaissables qu'on ne puisse encore les distinguer très bien les uns des autres. Autant nous prenons soin, disent-ils, de ne pas chanter en parlant, autant les anciens s'appliquaient à le faire; en Egypte, tous les discours publics, religieux ou pro-

fanes, sont chantés. Lorsque les poètes improvi-
sateurs ou autres récitent leurs poésies, ils se servent
d'un instrument pour soutenir leur voix ; cet instrument, appelé *Rebâh*, est monté d'une seule corde ;
l'utilité qu'ils en tirent, c'est de maintenir le ton dans
lequel ils chantent, par une tenue qu'ils font sur le
même ton, pendant la durée de leur récit. Ces réci-
tateurs, que l'on nomme en Egypte *Mohaddetin*, sont
de véritables rapsodes, qui récitent les poèmes histo-
riques ou romanesques des anciens poètes arabes.

Quant à la récitation poétique ou à la psalmodie,
dont on use dans les prières, c'est un véritable réci-
tatif musical qui peut être noté et même soutenu d'un
accompagnement.

CHAPITRE XI

SYSTÈME MUSICAL DES CHINOIS

Après que l'empire indien eut été démembré, il parut dans son sein un homme extraordinaire qui entreprit de le réhabiliter en épurant son culte et en résolvant les difficultés qui s'étaient élevées sur la nature de la cause première de l'univers ; cet homme, appelé Rama, réussit dans ses desseins, et, quoique son édifice s'écroulât de nouveau entre les mains de son faible successeur, il ne se couvrit pas moins, en l'élevant, d'une gloire immortelle. Ce Rama, surnommé Deo-Naoush, à cause de Deva-Naouslia, le même qu'Issaoura dont sous ce nom, il releva partout les autels, est le même que les Grecs ont nommé Dyonisios et celle où Alexandre de Macédoine entreprit la conquête de l'Inde. L'expédition d'Alexandre eut lieu, comme l'on sait, 326 ans avant notre ère ; de sorte qu'en ajoutant les 1825 ans que nous comptons maintenant, nous trouverons qu'on ne peut admettre moins de 8651 ans entre nous et Rama. Cet homme divin, selon ce que disent les Brahmes, fut une des incarnations de Vishnou et parut à la fin du second âge, trente ou

trente-cinq générations après Bharat; ce qui, à trente
ou trente-trois ans par génération, fait aux environs
de dix siècles. Tout cela donne à peu près 1900 ans
d'antiquité au système de Bharat et peut conduire à
regarder les troubles qu'il fit naître et qui causèrent
le démembrement du dernier empire universel, comme
ayant éclaté, pour la première fois, il y a 5600 ans.

Quoique les Chinois soient, de tous les peuples, celui
qui a commencé à écrire le plus tôt son histoire civile,
il s'en faut néanmoins de beaucoup que ses annales
remontent jusqu'à l'époque dont je viens de parler.
Les dates authentiques qu'elles donnent ne vont pas
au delà de la dynastie *Hya,* vingt-trois ou vingt-qua-
tre siècles avant J.-C., c'est-à-dire environ 4,200 ans
avant nous.

Les quatre mille trois ou quatre cents ans qui ont
dû s'écouler, d'après mes calculs, entre cette destina-
tion et l'expédition de Brahma qui réunit momentané-
ment le *Tchandra douëp* ou la Chine à l'Empire Indien
sont remplis de récits allégoriques qui ont trait, non
pas à des personnages humains, mais à des êtres moraux et cosmogoniques, comme c'était alors l'usage.
On y lit, par exemple, que d'abord la couleur blanche,
seule, régnait dans l'univers à l'exclusion de toutes les
autres et que ce ne fut que du temps de *Koung-chen-
ché,* que la couleur jaune se montra et qu'elle prit le
dessus sur sa rivale. Or, la couleur blanche désigne
ici, soit l'empire indien qui la portait pour enseigne,
soit Rama lui-même dont le nom en sanscrit signifie
blancheur éclatante, et la couleur jaune caractérise

l'empire chinois qui en fait toujours sa couleur dis-
tinctive. Le nom même de *Koung-chen-ché* signifie
que c'est à lui que se rapporte le principe moral de
l'empire dont le symbole est la couleur jaune. On
trouve, dans le même style allégorique, que ce fut
Tchou-joung-ché, qui imagina la musique, dont la mélodie puissante servit à réunir le peuple chinois, (ou-
vrit), adoucit ses mœurs et lui fit aimer ses lois. Le
nom de ce personnage moral indique seulement le
principe éternel sur lequel cette musique fut fondée,
principe que nous allons examiner sans plus de re-
tard.

Les historiens chinois conviennent unanimement
que le principe fondamental sur lequel s'est élevé leur
empire, aujourd'hui le plus grand et le plus peuplé
de la terre, a été celui de la musique. *Pan-Kou*, l'un
des plus célèbres d'entre eux, déclare formellement
que la doctrine des *Kings*, livres sacrés de la nation,
repose tout entière sur cette science, représentée
dans ces livres comme l'expression et l'image de la
terre avec le ciel. Après *Thou-joung-ché*, *Fou-hi* et
Hoang-li, qui sont évidemment des êtres moraux et
allégoriques, ceux que les Chinois regardent comme
les auteurs de leur système musical sont *Lyng-lun*,
Kouei et *Pin Mou-Ria*. L'époque où parut Lyng-lun,
le plus célèbre des trois, ne saurait être fixée. Il est
présumable qu'elle ne s'éloigne pas beaucoup de celle
de la fondation même de l'empire, qui remonte,
comme je l'ai dit, de 8,000 à 8,500 ans. Le *Yo-King*,
celui des livres sacrés qui contenait les lois sur la mu-

sique, n'a point survécu aux violentes commotions
religieuses ou politiques que la Chine a éprouvées en
différents temps. On croit que tous les exemplaires
furent livrés aux flammes, par les ordres de *Tsin-
ché-Hoang*, lorsque ce monarque, irrité de l'obsti-
nation que les lettrés apportaient à rejeter ses insti-
tutions nouvelles, commanda qu'on brûlât tous les
anciens livres dont ils s'autorisaient pour lui résister.
(Cet événement se passa 237 ans avant l'ère chré-
tienne.)

Les fragments qui s'en étaient conservés dans la
mémoire furent soigneusement recueillis après l'extinction de la dynastie de *Tsin*, par celle de *Han* qui
lui succéda, et qui, mettant sa gloire à rétablir ce que
la précédente avait essayé de détruire, fit de grands
efforts pour faire refleurir l'ancienne musique; mais
les troubles et les guerres civiles qui survinrent ne
lui permirent pas d'établir son ouvrage et jetèrent
tout dans un nouveau désordre. Ce ne fut que très
longtemps après, qu'un prince de la dynastie de *Ming*
(la dynastie de *Ming* commença en 1370 de l'ère vulgaire), nommé *Tsai-lu*, enthousiasmé pour cette
science, entreprit de lui rendre son lustre antique en
la réhabilitant dans l'état où elle était à son origine ;
il s'entoura, pour arriver à ce but, de tout ce que la
Chine avait d'hommes savants pour la musique théorique et pratique, et fouilla dans tous les monuments
nationaux dont son nom lui favorisait l'entrée. Le ré-
sultat de son travail fut le système musical que l'on
suit encore aujourd'hui dans ce vaste empire et qui,

5

de l'aveu unanime des lettrés, ne diffère pas de celui de *Ling-lun*, et surtout repose sur le même principe, considéré comme sacré de l'antiquité la plus reculée, ainsi que le prouvent sans réplique les hymnes religieux chantés de temps immémorial par l'empereur lui-même, à la fête des ancêtres.

Ce principe, appelé *Koung*, c'est-à-dire foyer lumineux, centre où tout aboutit et d'où tout émane, répond au son que nous appelons *fa*. Il est, dans l'ordre universel, assimilé au *Rien*, c'est-à-dire à la nature masculine, et dépend de *l'yang* ou du nombre parfait, impair, représenté mystérieusement par la ligne entière — en opposition à *l'yng* qui est représenté par la ligne brisée.

Le tuyau qui rend ce son fondamental appelé par excellence *hoang-tchoung*, son dominateur suprême, resplendissant, de couleur jaune, porte lui-même le nom générique de *yo*, qui désigne la musique dont il est le régulateur (1). Son diamètre fut, dès son origine et tel qu'il l'est encore, de trois grains de gros millet, sa circonférence de neuf, et sa capacité entière de douze cents. Chaque grain de ce millet, appelé *chou* en chinois, équivaut à ce qu'ils appellent un *feu* ou une ligne. Comme ce tuyau, qui sonne le *hoang-tchoung*, a toujours servi, en Chine, de base à toutes les mesures, tant pour les surfaces que pour les capacités, on sent avec quelle attention le gouvernement a

(1) Il est remarquable que le mot *yo* qui, en chinois, désigne *la musique*, signifie aussi la *montagne sacrée* à laquelle ce peuple rapporte son origine, et sert à exprimer *sa volonté*.

dû veiller à sa conservation. Dans la crainte, cependant, que les révolutions n'eussent apporté quelques
changements à sa forme et à sa grandeur, le prince
Tsai-Gu ne négligea rien de ce qui pouvait assurer
son intégrité primordiale. Ayant trouvé, à force de
recherches, que la mesure dont se servait la dynastie
Hia devait être la même que celle dont avaient fait
usage les fondateurs de l'Empire, il prit pour modèle
le pied musical dont il avait lu la description dans les
anciens fragments de livres et dont il avait vu l'empreinte sur quelques débris de vieux monuments, et
il en fit fondre en airain un exemplaire entièrement
semblable. Cet exemplaire, ayant été revêtu de la
sanction impériale, devint pour la Chine entière un
type métrique universel. C'est sur le son qu'il donne
que se règle encore aujourd'hui le diapason de tous
les instruments et de toutes les voix ; c'est d'après sa
capacité qu'on détermine toutes les mesures des
liquides, et d'après sa longueur qu'on arrête tout ce
qui a rapport aux divisions géométriques des surfaces, aux dimensions des solides, à l'étendue et au
poids. Les copies légales de ce type important, gar-
dées avec soin dans toutes les villes, gravées sur tous
les monuments publics, s'offrent partout aux regards
du peuple. Celles qui représentent l'exemplaire impé-
rial sont de forme carrée, ayant quatre côtés égaux
entre eux. L'intérieur, qui est creux et parfaitement
rond, a, comme je l'ai dit, neuf lignes de circonférence. L'un de ses côtés est divisé en neuf pouces de
neuf lignes chacun, ce qui fait en tout quatre-vingt-

une lignes : c'est le pied musical. L'autre côté est divisé en dix pouces de dix lignes chacun, ce qui fait en tout (quatre-vingts) cent lignes : c'est le pied de compte. Le premier s'appelle *Lu-tché* et le second *Tou-tché*. Le *Lu-tché*, disent les savants chinois qui ont travaillé sur cette matière, est le pied dont se servit *Hoang-ty* ; il ne doit être employé qu'au calcul des choses intellectuelles. Le *Tou-tché* est le pied dont le grand *Yu* et la dynastie *Hia* firent usage ; on doit l'appliquer au calcul des choses physiques.

Ainsi, c'est du *koung* fondamental ou du principe *fa*, que tout reçoit, en Chine, tant dans le moral que dans le physique, son nombre, sa mesure et son poids. C'est à cet unique principe que tout se rapporte; et, chose admirable à penser, c'est en examinant ce principe, dont la forme dans le tuyau qui le produit n'a pas varié depuis huit mille ans, qu'on peut connaître la pensée des fondateurs de cet empire, en sentir la connexion avec les lois qui régissent l'univers et apprécier même jusqu'à la position exacte qu'ils donnaient à leurs chants, sur le diapason musical. Ce qui n'est pas moins merveilleux, peut-être, et qui pourtant résulte d'une telle institution, c'est que, grâce à ce même principe *fa*, reconnu comme sacré, et dont la forme est irrésistiblement fixée, un peuple qui ne se compose pas moins de deux cent millions d'âmes, a les mêmes poids, les mêmes mesures, et fait usage des mêmes intonations de voix dans les mêmes traits de chants. La ressemblance de ce qui se passe aujourd'hui en Chine avec ce qui se passait en Egypte du temps de Platon, est trop extraordinaire pour être l'effet du hasard ; et je ne doute pas qu'un lecteur judicieux, qui en saisira le rapprochement, n'y voie la preuve convaincante de tout ce que j'ai dit.

CHAPITRE XII

SYSTÈME MUSICAL DES GRECS

ORPHÉE

Quand il est question de la musique des Grecs, ce ne sont pas les écrivains qui manquent; au contraire, ce sont les écrivains qui nuisent; car il est difficile, après les avoir lus tous, de savoir ce qu'ils ont voulu dire, à cause de l'incohérence qui règne dans leurs ouvrages et des contradictions où ils tombent à chaque pas, non seulement les uns avec les autres, mais encore chacun d'eux avec lui-même. Leur obscurité et leur peu d'ensemble viennent, en général, de ce qu'ils n'ont connu ni l'origine, ni les principes de la science.

Cette origine et ces principes nous étant connus aujourd'hui, nous n'avons rien autre chose à faire que d'en déduire les conséquences pour déduire exactement quelle était la musique des Grecs et pouvoir expliquer sans effort tous les faits que l'histoire de ces peuples célèbres nous a transmis à ce sujet.

Rappelons d'abord un point important. L'Europe,

en partie sauvage, dépendait de l'empire indien,
comme tout le reste de notre hémisphère, lorsque le
schisme des pasteurs venant à éclater, elle en fut tout
à coup séparée et passa sous la domination des Phéniciens avec les contrées de l'Asie et de l'Afrique voisines de la Méditerranée. Ces peuples, très habiles
navigateurs et marchands audacieux, en parcoururent
les côtes, s'emparèrent des colonies existantes, en
établirent d'autres, et pénétrèrent, autant qu'ils le
purent, dans l'intérieur des terres. Les noms qu'ils
imposèrent à leurs établissements furent tous tirés de
la mythologie ou des symboles de leur culte. Celle de
leurs colonies la plus florissante et la plus étendue
comprenait à la fois : les Thraces, les Daces, les Tos-
ques et les Étrusques, tous noms qui ne diffèrent que
par le dialecte et se réduisent au même, c'est à savoir
au nom primitif de Thrace, qui signifiait, en Phénicien,
l'*espace éthéré*.

La Grèce n'était pas d'abord distinguée de la
Thrace, c'était le même nom plus restreint et moins
emphatique, à cause de la différence de l'article ini-
tial; celui d'Ionie, qui lui fut donné par la suite, et
qui désignait le symbole particulier de la secte
ionienne, lui fut commun avec toutes les possessions
phéniciennes, tant en Europe qu'en Asie.

La Grèce, ou, si l'on veut, la Thrace, car alors l'une
ne différait pas de l'autre, reçut donc sa musique des
mains des Phéniciens, qui lui en communiquèrent le
système peu à peu, et à mesure que le permirent les
circonstances et l'état de la civilisation. Pour bien

comprendre ce système et pouvoir en suivre le développement, il faut savoir que le mot *lyre* que l'on a
depuis appliqué à un instrument de musique en particulier, n'était d'abord qu'un terme générique donné
à la musique elle-même et transporté, par extension, à
l'instrument scientifique, au moyen duquel on en
déterminait les lois. (Ce mot grec *lyra* tenait à la
même racine que le mot phénicien *lirals* qui exprimait tout ce qui est harmonieux et concordant.) Ce
que l'on entendait par la lyre à trois cordes ne s'appliquait pas à l'instrument de musique dont on jouait,
mais à celui qui en constituait l'accord fondamental.
Ce fut du moment où l'on confondit ensemble l'instrument théorique avec l'instrument pratique que
l'on cessa de s'entendre.

La lyre à trois cordes, dont parle Diodore de Sicile,
désignait le système des tétracordes conjoints. C'était
le système le plus ancien. Ces trois cordes étaient; *mi,
la, si, mi* ou bien, *la, ré, mi, la*. Indiquer la lyre,
c'était indiquer le système, c'était tout indiquer; car,
la disposition d'un tétracorde étant mathématique-
ment fixée dans le genre diatonique, on ne pouvait pas
se tromper.

Or, cette disposition était pour chaque tétracorde
en allant de l'aigu au grave, à la manière des Phéniciens, de deux tons successifs et d'un semi-ton. Les
Grecs, tandis qu'ils ne différaient pas des Thraces,
n'avaient point d'autre mélodie; tout, pour eux, était
renfermé dans l'intervalle musical des tétracordes,
disposés comme je l'ai dit.

Dans les deux systèmes des tétracordes conjoints et disjoints, le mode, fluctuant entre les toniques *la* et *mi*, s'arrête de préférence sur le *la*, ce qui est très conforme aux idées de ce mode consacré à la nature féminine. Cependant, comme la finale au grave du système des tétracordes conjoints s'arrêtait sur le *si*, et laissait, un moment, le principe assimilé à la nature masculine, les Phéniciens voulurent effacer encore cette dominance et, pour cet effet, ils ajoutèrent au grave, une corde qui se trouve être la double octave du son le plus aigu du système des tétracordes disjoints, c'est-à-dire un *la* fondamental.

Ainsi, ils communiquèrent aux Grecs leur mode favori appelé Locrien, le *chant de (la danse) l'alliance*, particulièrement connu sous l'épithète de Lynos ; ce lunaire est célèbre par son effet mélancolique. Au moyen de l'adjonction de ces deux cordes, les deux systèmes furent fondus en un seul qui ne différait de celui des Hindous, tel que je l'ai déjà fait connaître, qu'en un seul point qui parait d'abord d'une certaine importance, quoiqu'il entraîne avec lui les conséquences les plus graves, quant au principe d'où il émane. Ce seul point consiste en ce que la corde *si bémol*, qui se trouve comprise dans le tétracorde synnéménon, fait partie du système en qualité de ton diatonique ; et dès lors effaçant le *si* naturel, comme principe, le fait dépendre du *fa* qui devient le principe dominateur. Ces idées, ainsi que nous le savons assez, étaient celles des Phéniciens et de toutes les nations appelées Ioniennes et Amazones.

Ce système musical qu'on peut appeler Ionien, étant parvenu à sa perfection, resta longtemps en cet état, parmi les Thraces. Il paraît constant que toute la modulation de ces peuples se bornait à faire passer la mélodie des tétracordes conjoints et disjoints, et alternativement; souvent même, ils ne modulaient pas, et alors, ils chantaient sur la lyre à trois et quatre cordes, suivant qu'ils voulaient admettre le diapason de septième ou l'octave. Comme la mélodie se renfermait dans l'étendue du tétracorde, le chant était simple et facile. Il suffisait souvent au chanteur de donner le ton des cordes principales des lyres *si*, *mi*, *la*, ou *mi*, *la*, *si*, *mi*, pour improviser le remplissage des cordes secondaires. Ce qui prouve cette opinion, c'est la manière dont sont notées quelques anciennes poésies grecques. Parmi celles qui sortent de la bibliothèque du Vatican, on en trouve où la fin de chaque vers est marquée par une lettre vocale et une lettre instrumentale placées immédiatement l'une sur l'autre; ce qui indique évidemment l'intention du poète ou du musicien, de commencer le chant du vers sur la corde désignée ou de s'y arrêter, laissant au chanteur la liberté de remplir le reste à son gré. Ainsi la lyre théorique pouvait fort bien être locale et exister avec trois ou quatre cordes toujours pincées à vide; mais dès l'instant qu'elle devint pratique et instrumentale, il fallut nécessairement ou que le nombre des cordes fût augmenté, ce qui donna naissance à la harpe, à l'épigone, au psaltérion, etc..., ou bien qu'on y adaptât un manche où les doigts, se posant sur cha-

cune des cordes, lui fissent rendre les divers sons du
tétracorde qu'elle représentait ; ce qui causa l'invention de la cithare, du barbiton, de la mandore, etc.

Il serait difficile de dire combien de temps la musique ionienne resta dans cette simplicité. Tout ce qu'on
peut affirmer de raisonnable à cet égard, c'est que des
variations suivirent celles de la secte qui l'avait adoptée comme un symbole de son alliance. J'ai dit que
cette secte ne tarda pas à se diviser. Les peuples qui
naquirent de cette division affectèrent presque tous
d'avoir une musique différente les uns des autres ; car
la musique ayant été une des premières causes du
schisme primitif, devait entrer pour beaucoup dans la
formation des sectes particulières qui en naquirent. Il
se forma donc une foule de systèmes différents parmi
lesquels ceux qu'on nomma lydien, phrygien, dorien,
des noms des peuples qui les adoptèrent, furent les
principaux. Ces systèmes n'étaient pas précisément
alors ce que les Hindous avaient entendu par leurs
rayhas, ni ce que nous entendons aujourd'hui par
modes, puisque, au lieu d'une série de sept sons renfermés dans une octave, ils en contenaient jusqu'à seize
dans l'intervalle du double diapason. Ces systèmes
consistaient, comme je l'ai montré, dans une série de
tétracordes conjoints ou disjoints, et différaient entre
eux par l'enchaînement de ces mêmes tétracordes,
tantôt par la place que le demi-ton y occupait, tantôt
par une simple transposition, soit au grave, soit à
l'aigu. Telle est la confusion que le grand nombre de
ces systèmes entraîne et le peu de soin que les écri-

vains qui en ont parlé ont mis à la distinguer, que
même parmi les trois principaux, le lybien, le phrygien et le dorien, il est impossible de dire aujourd'hui
rigoureusement si la tonique du lydien était *mi* ou *ut*
et celle du dorien *ut* ou *mi*.

Il n'y a pas un auteur, qui, sur ce point, ne contredise l'autre, et ne se contredise souvent lui-même.
Dans ce conflit d'opinions contradictoires, j'ai pourtant distingué deux autorités qui m'ont déterminé à
donner au lydien la tonique *mi* et au dorien la tonique
ut. La première est celle d'Aristoxène qui dit que les
Doriens exécutaient le même chant à un ton plus bas
que les (Doriens) Phrygiens et ces derniers, à un ton
plus bas que les Lydiens. La seconde, qui confirme
cette première, est du judicieux Saumaise qui, dans
son *Commentaire sur les Comédies de Térence*, nous
apprend que la musique adaptée à ces comédies s'exé-
cutait sur des flûtes appropriées à chaque mode ; les uns
servant au mode phrygien, les autres au dorien, plus
grave que le phrygien ; et la troisième, au lydien, plus
aigu que les deux autres modes. Zarlin, en Italie, et
Sux, en Allemagne, ont suivi cette opinion, ainsi que
J.-J. Rousseau, en France, qui cite à ce sujet Ptolémée.
D'ailleurs, l'étymologie de noms, jointe aux conséquences nombreuses qui découlent de tout ce qui pré-
cède, doit confirmer cette opinion.

CHAPITRE XIII

SYSTÈME MUSICAL DES GRECS

PYTHAGORE

Je n'ai pas besoin, je pense, d'après tout ce que j'ai dit, d'expliquer pourquoi Amphion, Marsyas et Thamiris, que l'on donne pour les inventeurs des trois systèmes lyd'en, phrygien et dorien, et que l'on prend pour des personnages physiques, ne sont rien moins que cela : on doit savoir qu'à cette époque reculée l'histoire ne s'occupait pas des individus. Ces trois noms se rapportent à des êtres moraux et non pas à des hommes ; ils désignent comme les inventeurs de ces systèmes, les idées mêmes qui présidaient à leur invention.

Ainsi, Amphion qui préside au système lydien, c'est-à-dire à celui de la faculté génératrice de la femme, signifie exactement la voix nationale ou métropolitaine de l'Ionie ; Marsyas, celui qui invente le phrygien, celui des chefs de troupeaux, ou des rois pasteurs, représente l'esprit brûlant, l'ardeur martiale et guerrière ; et Thamiris, qui domine sur le dorien,

celui de la liberté ou de la force, désigne la lumière
des astres jumeaux.

Ce fut une grande révolution musicale lorsqu'on osa
disjoindre les tétracordes, qui, selon les lois anciennes
et sacrées, devaient être conjoints. Cette révolution,
dont les suites furent plus considérables qu'on ne pouvait jamais se l'imaginer, prit sa source dans la doctrine de Krisner, touchant l'hermaphrodisme universel.
Cette doctrine avait obtenu le plus éclatant succès ;
elle avait été reçue en Lybie, en Egypte, en Arabie,
dans une partie de la Phénicie et de là avait facilement
pénétré en Europe, où, déjà, elle avait fait d'assez
grands progrès parmi les Thraces. Les Ioniens, juste-
ment alarmés d'une doctrine qui tendait à restreindre
leur influence, et craignant de voir leur empire, affai-
bli par tant de déchirements, s'écrouler tout à fait, voulurent s'opposer à sa marche ; mais il était trop tard.
Le suprême sacerdoce lança vivement des anathèmes.
La Grèce entière se souleva et commença dès lors à se
distinguer de la Thrace proprement dite, restée fidèle
à la métropole. On éleva autel contre autel ; et, refu-
sant de reconnaître désormais le souverain pontife
résidant sur la montagne sacrée de la Thrace, on choi-
sit le mont Parnasse pour remplacer cette montagne,
et l'on y bâtit la ville de Delphes, désignée pour être
la ville sainte sous le nom de *Pytho*. Ce fut là que la
secte nouvelle, se disant conduite par l'esprit universel
Oleu, plaça le fameux ombilic, symbole de l'hermaphrodisme divin, et prit pour objet de son culte, le
soleil et la lune réunis dans le même être, connu

d'abord sous le nom d'*OEtolnios*. Cette révolution, qui, en séparant pour jamais la Grèce de la Phrygie et isolant cette dernière de la Thrace, a exercé la plus grande influence sur les destinées de l'Europe, méritera, un jour, d'occuper les crayons de l'histoire. Tout incomplets que fussent les genres chromatiques et enharmoniques de la Grèce, ils firent, dans leur nouveauté, un grand effet dans les mains d'Orphée qui les employa. A ce nom, auquel tant de souvenirs brillants se rattachent, je sens renaître en moi le désir de rentrer dans les champs de l'histoire, pour y élever un monument à la gloire de l'homme divin qui l'a porté. Mais ce serait trop dépasser les bornes que je me suis prescrites, que de vouloir faire, pour les temps modernes, ce que j'ai fait pour les temps anciens. Qu'il me suffise de poser ici la ligne de démarcation qui sépare l'histoire allégorique et morale de l'histoire positive et civile. Orphée est le premier homme chez les Grecs qui ait fait époque, en se posant au centre d'une sphère morale dont l'influence se fait encore sentir parmi nous après plus de trente-trois siècles. Instruit par les Egyptiens, initié à leurs mystères les plus secrets, il s'éleva en Grèce, au rang de prophète et de pontife suprême. Il sut réunir au même culte vingt peuplades ennemies, divisées autant par leurs opinions religieuses que par leurs lois civiles, et fonda cette admirable fédération amphictyonique dont les décrets étaient soumis à la sanction du souverain pontife de Delphes. C'est lui qui est le créateur de cette magnifique mythologie grecque qui, malgré les efforts redoublés d'une

secte intolérante et fanatique, brille encore au travers
des ridicules lambeaux dont on l'a enveloppée, anime
tous nos arts et règne dans notre poésie.

Le ser e important qu'Orphée rendit à la musique
grecque fut de fondre tous les systèmes en un seul, et
de distinguer, sous le nom de modes, ce qui, avant
lui, avait porté le nom de système. On croit, généralement, qu'il n'admit que trois modes dans un système
unique. Ces modes primitifs furent le lydien, le phrygien et le dorien, dont les tonique., en allant de
l'aigu au grave, étaient *mi*, *re*, *ut*. Quelques-uns
veulent qu'en partageant chacun des deux tons *mi*, *re*,
ut, en deux intervalles, *mi bémol* et *ut dièze*, il fît
place à deux autres modes, l'ionien et l'éonien qui,
alors, n'auraient été que de simples transpositions.
D'autres, parmi lesquels Bacchius l'ancien et Ptolémée, assurent que les modes, reçus par Orphée, furent
au nombre de sept ; mais ils ne s'accordent ni sur le
rang, si sur le nom de ces modes. Enfin, plusieurs
établissent quinze modes, savoir cinq primitifs, le
lydien, l'éolien, l'ionien, le phrygien, autrement
nommé iastien, et le dorien ; cinq secondaires supérieurs, désignés par l'épithète d'*hypo*. Mais il est
évident que ces quinze derniers modes n'ont point
existé du temps d'Orphée, où je suis persuadé que la
transposition des modes de semi-ton en semi-ton
était inconnue.

Ce ne fut qu'après Pythagore que cette transposition
put avoir lieu, lorsque ce grand homme, ayant pénétré
dans la profondeur des sanctuaires égyptiens avec un

courage et une constance jusqu'alors sans exemple,
eut connu et fait connaître à ses disciples les principes de la science et leur eut appris à remplir
le système musical d'une suite non interrompue
d'intervalles diatoniques, chromatiques et enharmoniques, selon les progressions mathématiques rigou-
reuses,

Lorsque Pythagore parut en Grèce, riche de toutes
les lumières de l'Afrique et de l'Asie, environ neuf
siècles après Orphée, il y trouva le souvenir de ce
philosophe presque effacé de la mémoire des hommes,
et ses instructions les plus belles, ou méconnues ou
rapportées à des origines fantastiques. Le misérable
orgueil de se dire autochtone et de ne rien devoir aux
nations voisines avait bouleversé toutes les idées.
On plaçait en Crète le tombeau de *Zeus*, le dieu
vivant ; on voulait, à toute force, faire naître, dans
une bourgade de la Boétie, *Dyonisos*, l'esprit divin,
et, dans une petite île de l'Archipel, *Apollon*, le père
universel. On débitait mille extravagances de cette
nature, et le peuple devenu souverain, qui y croyait,
commandait arrogamment aux plus fortes têtes d'y
croire. Les mystères établis pour faire connaître la
vérité à un trop grand nombre d'initiés perdaient
leur influence; les hiérophantes, intimidés ou cor-
rompus, se taisaient en consacrant le mensonge. Il
fallait nécessairement que la vérité se perdit tout à
fait ou qu'il se trouvât une autre manière de la
conserver.

Pythagore fut l'homme à qui ce secret fut révélé.

6

Il fit pour la science ce que Lycurgue avait fait pour la liberté. Celui-ci, comme législateur, avait institué sur un seul point de la Grèce un couvent de soldats contre lequel vint se briser le despotisme persan ; celui-là, comme philosophe, institua une assemblée secrète d'hommes sages et religieux qui, se répandant en Europe, en Asie et même en Afrique, y lutta contre l'ignorance et l'impiété tendant à devenir universelles. Les services qu'il rendit à l'humanité furent immenses.

La secte qu'il créa et qui, aujourd'hui même, n'est pas entièrement éteinte, après avoir traversé, comme un sillon de lumière, les ténèbres amoncelées sur nous par l'irruption des Barbares, la chute de l'empire romain et l'érection nécessaire d'un culte intolérant et superstitieux, a rendu la restauration des sciences mille fois beaucoup plus facile qu'elle n'eût été sans elle, et nous a épargné plusieurs siècles de travaux.

C'est elle qui a poussé en avant toutes les sciences physiques, qui a ranimé la chimie, débarrassé l'astronomie des préjugés ridicules qui arrêtaient sa marche, a appris à connaître l'importance de la géométrie et des mathématiques, et donné des points d'appui à l'histoire naturelle. Elle a également influé sur la marche des sciences morales, mais avec moins de succès, à cause des obstacles qu'elle a rencontrés dans la métaphysique ténébreuse des époques. C'est aux écrits de cette secte savante et à quelques circonstances heureuses que je dois d'avoir retrouvé les vrais principes de la musique et d'être parvenu, par

leur moyen, à écrire sur cette science comme je l'ai
fait, en suivant avec une rectitude qui, sans doute,
n'aura pas échappé à la sagacité du lecteur, son
histoire systématique chez la plupart des nations de
la terre durant l'espace de douze cent mille ans.

CHAPITRE XIV

CONSEILS AUX JEUNES COMPOSITEURS
A PROPOS DE L'IMITATION EN MUSIQUE

On dit de tous les arts en général, et de la musique en particulier, qu'ils sont l'imitation de la nature. Ce principe est vrai, sans doute, quand on sait bien l'entendre ; mais autant il peut bien servir en ce cas, autant il peut nuire dans l'autre, c'est-à-dire, quand il est mal entendu. La nature, qui est l'objet de l'imitation des arts, n'est point, comme l'imagine le vulgaire des artistes, la nature physique dont les phénomènes frappent les sens, mais celle dont les merveilles se manifestent à leur intelligence. Prendre pour unique modèle les formes particulières de la première, c'est s'astreindre à n'être qu'un copiste servile, un froid imitateur. Ce n'est qu'en cherchant à rendre sensibles les beautés intellectuelles de la seconde, qu'on peut prétendre à devenir créateur, qu'on peut s'élever jusqu'au sublime dans quelque genre que ce soit. Si, parmi les arts, il en est un auquel on puisse appliquer le principe dont il s'agit, et dire qu'il est une imitation de la nature, c'est, sans contredit, celui de la peinture. Cependant, combien serait médiocre et mesquin le peintre qui se bornerait à retracer fidèlement sur la toile la forme et la couleur des objets qui frappent les yeux ! Ses tableaux, privés de sentiments et de vie, renfermés dans le cercle étroit de ce que l'on appelle le portrait et le genre, ne s'élèveront guère au-dessus de la caricature. Les plus grands efforts tendraient à rehausser l'art. Il imiterait exactement la nature, il est vrai, en copiant un arbre, un rocher, une fleur, en faisant reconnaître au premier coup d'œil un tel homme, un tel animal, une telle chose, mais cette nature ne serait certainement pas celle qui inspirait Raphaël dans la composition de son admirable tableau de la *Transfiguration*. Voyez ces superbes monuments d'architecture élevés sur les dessins de Michel-Ange ou de Perrault, et dites-moi où sont, dans la nature physique, les modèles des basiliques de Saint-Pierre et de la colonnade du Louvre ?

Le triomphe des arts n'est pas d'imiter la nature, comme on l'a dit et répété sans examen, c'est de l'embellir et de l'élever, en lui donnant ce qu'elle n'a point, en la transportant hors de sa sphère propre dans une sphère moins circonscrite et plus noble. La musique est, de tous les arts, celui dont le triomphe dans ce genre est le plus facile à comprendre ; une imitation rigoureuse de la nature physique non seulement la dépare, mais l'anéantit, pour ainsi dire, en mettant à sa place une chose qui n'est pas elle. On peut se convaincre de cette vérité par une expérience facile à faire ;

Ecoutez un habile chanteur, un habile joueur de flûte ou de hautbois, peindre au milieu d'un accompagnement à grand orchestre, le ramage des oiseaux ; vous serez ravi, non en proportion de l'exactitude de l'imitation qui aura lieu, mais en proportion des sentiments que vous aurez éprouvés autrefois, et que le talent du compositeur et du symphoniste réveilleront dans votre âme. Rien ne ressemble moins au rossignol que ces traits de chant, ces mouvements d'harmonie dont vous aurez les oreilles flattées, et pourtant, vous y reconnaitrez ce qui vous aura attendri et vous vous attendrirez. Transportéz brusquement au milieu de cet orchestre, un de ces petits chalumeaux que les enfants remplissent d'eau et qu'ils font gazouiller entre leurs lèvres, en imitant parfaitement le ramage que vous aurez cru entendre ; à peine aurez-vous reconnu cette misérable imitation que tous le charme sera détruit et que le dégoût et l'ennui succéderont au plaisir que vous causait l'illusion. Cette vérité a déjà été sentie et exposée. On a bien vu que les animaux sensibles à la musique (1), que les enfants charmés du chant de leur nourrice, n'y cherchaient rien d'imitatif.

Les sauvages répètent leurs chansons naïves ou féroces, sans avoir en vue de rien imiter dans la nature. C'est dans les émotions de leurs âmes qu'ils puisent leur mélodie ; c'est au moyen de leur action qu'ils lui donnent de l'expression. Le modèle dont le

_____

(1) Plutarque, *Sympos*; Buffon, *Hist. Nat.*; Moulet, de *l'Exp. mus.*

compositeur de musique doit se proposer l'imitation
est dans son âme. Qu'il le cherche là, il le trouvera.
Si ce modèle lui manque au besoin, c'est en vain qu'il
croira le rencontrer ailleurs. Tout ce qu'il puisera
dans la nature matérielle sera inanimé, stérile ;
n'étant point ému, il ne pourra pas émouvoir : ses
images les plus parfaites seront des squelettes, et les
ornements empruntés, dont il croira couvrir leur
sécheresse, si ce ne sont point des réminiscences,
seront toujours déplacés.

Écoutez ce secret, jeunes compositeurs, qui cherchez
la perfection de l'art musical. Sachez qu'il existe une
correspondance entre les âmes, un fluide secret et
sympathique, une électricité inconnue qui les met en
rapport les unes avec les autres. De tous les moyens
de mettre ce fluide en mouvement, la musique offre le
plus puissant. Voulez-vous communiquer un sentiment, une passion à ceux qui vous écoutent ? Voulez-
vous réveiller en eux un souvenir, leur inspirer un
pressentiment ? Concevez vivement ce sentiment, cette
passion ; pénétrez-vous de ce souvenir, de ce pressentiment ; travaillez ! ce que vous aurez voulu s'opérera.
Plus vous aurez mis de force à sentir, plus vous verrez
que vos auditeurs sentiront avec force. Ils éprouveront
à leur insu, et à proportion de votre force et de leur
sensibilité, la commotion électrique que vous aurez
imprimée au fluide sympathique dont j'ai parlé. Ne
vous inquiétez pas de savoir comment cela se fera ;
ne me demandez pas comment cette commotion
pourra être confiée au papier et survivra au principe

moteur qui l'aura déterminée. Ces profondeurs métaphysiques ne sont point ici de votre domaine. Faites
ce que je vous dis, si vous le pouvez, et laissez faire :
Mais, me direz-vous peut-être, suffit-il de se pénétrer
d'un sentiment pour se le communiquer ? Est-ce assez
de concevoir fortement une idée pour l'inspirer ? Ne
faut-il pas connaître les moyens nécessaires à cet
effet ? Assurément, il le faut, et je vous prie de ne pas
prendre ici le change. Votre inspiration, quelle qu'elle
soit, ne pourrait rien opérer si elle manquait des
moyens opérateurs. Avant de prétendre peindre, il
faut avoir en sa possession des pinceaux, une palette
chargée de couleurs et savoir les employer selon les
règles du dessin. Vouloir faire de la musique sans
s'être rendu musicien, c'est le comble de l'extravagance
et du ridicule. Les pinceaux, la palette, le dessin, ne
font pas le peintre, mais ils le servent. La connaissance parfaite de la science musicale, la possession de
toutes les règles mélodiques et harmoniques ne constituent pas le compositeur, mais sans elle, il ne peut
rien. C'est en vain que le plus habile joueur de flûte
voudrait me procurer son talent, s'il manque de l'instrument dont il doit jouer.

Connaissez donc votre art ; possédez-en toutes les
ressources ; amassez, entassez les matériaux dont vous
devez vous servir : ce seront les moyens que votre volonté emploiera pour opérer ces prodiges. Songez que
de la force de votre volonté naîtra le talent, qui, s'il
est dirigé par le génie, ne connaîtra pas d'obstacles.
C'est le génie qui donnera aux matériaux de la science

la vie qu'ils ne possèdent pas par eux-mêmes ; c'est le
talent qui vous en montrera l'emploi.

Le goût naîtra de la réaction qu'exerceront sur vous
les circonstances où vous serez placé ; car le goût est
toujours relatif. Que si, continuant à vous inquiéter de
la nature des maté.iaux que la science vous fournira,
vous me demandez comment vous parviendrez à la
connaître, et de quelle manière vous saurez, par
exemple, distinguer les moyens de donner à la mélodie
un caractère de tristesse et de gaieté, de douceur et de
force, je vous répondrai que cela dépendra précisément de la justesse de votre sentiment et de la force
de volonté que vous mettez à l'exprimer. Si voulant
peindre la tristesse, vous savez vous pénétrer de ce
sentiment, les moyens que vous aurez de les caracté-
riser vous arriveront d'eux-mêmes, et votre volonté les
mettra en œuvre, selon l'étendue de votre talent.

Il en sera de même de la gaieté et des autres affections morales. Les images ne seront pas plus difficiles.
Les tableaux que vous créerez dépendront toujours de
l'aptitude que vous aurez à les saisir et à vous les re-
présenter. Lorsque les moyens directs vous manque-
ront pour exprimer vos idées, lorsque vous éprouverez
cette sorte de pauvreté qui naît toujours d'un défaut
de science, vous verrez que votre volonté ira ramasser
tout ce qu'elle pourra de moyens indirects pour s'y
suppléer ; et, souvent, vous serez tout surpris de voir
que les mêmes choses qui, dans d'autres circonstances,
avaient passé pour peindre la douleur, se sont prêtées
à peindre le plaisir.

CHAPITRE XV

CONSEILS AUX JEUNES COMPOSITEURS
A PROPOS DE L'IMITATION EN MUSIQUE
(Suite.)

Sentez fortement ce que vous voulez faire sentir. Il n'y a pas, je vous assure, d'autre principe de l'expression musicale. C'est pour le compositeur, comme pour l'exécutant, la seule voie d'y arriver. La conception première appartient à l'un, la conception seconde à l'autre; l'un détermine la cause, l'autre propage l'effet. Lorsqu'un morceau de musique vocale ou instrumentale est bien composé, c'est-à-dire lorsqu'il recèle en lui-même l'expression d'un sentiment quelconque émané du compositeur, il est très rare que l'artiste chargé de l'exécuter, pour peu qu'il ait du talent, ne le sente pas. C'est même là la pierre de touche du talent de l'exécutant.

Vous pouvez être sûr que le symphoniste ou le chanteur qui, ayant devant lui un morceau de musique où le compositeur a réellement placé une affection de 'âme, ne le distinguera pas, manque lui-même de cette affection, et, si cela lui arrive souvent et dans plu-

sieurs circonstances opposées, prononcez hardiment
qu'il y a une pauvreté d'âme, un défaut de ressort
moral qui l'empêchera toujours d'être un artiste distingué.

C'est en examinant, avec l'attention et la réflexion
convenables, les compositions musicales émanées des
grands maîtres et reçues d'un commun accord par les
exécutants, comme renfermant l'expression d'un sentiment quelconque, que vous apprendrez à connaître
les moyens positifs que la science vous offre pour exprimer votre pensée. Vous trouverez même ces moyens
encore plus simples et plus à découvert dans les chants
du peuple, dans les airs nationaux, dans les restes
précieux des musiques antiques; mais c'est bien à tort,
au moins, que vous croiriez que ces moyens, à quelque
degré de perfection que vous les possédassiez, pussent
vous tenir lieu de sentiment, et fissent au dehors un
effet dont vous n'auriez pas développé la cause en
dedans de vous : sachez, encore une fois, qu'il n'est pas
d'effet sans cause, que rien ne peut naître de rien, et
que c'est en vain qu'on espèrerait trouver dans une
chose ce qu'on n'y aurait pas mis.

On a dit quelquefois que la musique est une langue
universelle. Cela est vrai dans un sens. On peut, en
effet, communiquer, par le moyen de la musique, les
sentiments, les affections, les émotions même ; ce qu'il
faut bien noter, c'est que cette communication se fait
toujours d'une manière générale et sans rien particu-
lariser.

La musique, tout intellectuelle dans son essence, ne

peut recevoir de formes physiques qu'au moyen de la
poésie.

Sans le secours de la poésie qui en fixe les idées, elle
resterait toujours vague et indéterminée. Voilà pourquoi ces deux sciences n'étaient jamais séparées dans
l'antiquité. On leur adjoignait même celle de la danse,
c'est-à-dire cette sorte d'art qui, sous le nom de mi-
mique, réglait les mouvements du corps et présidait
sur ce que nous appelons la déclamation et le geste. Il
est certain qu'il ne peut exister de musique parfaite,
sans la réunion de ces trois choses, c'est-à-dire sans la
parole qui détermine l'idée, le chant qui lui communique le sentiment et le mouvement rythmique qui en
caractérise l'expression. Aussi est-il vrai de dire que la
musique séparée de la poésie, et devenue purement
instrumentale, est loin de jouir de tous ses avantages.
C'est alors une sorte d'âme qui, privée de son corps,
tombe dans le vague et manque de moyens pour faire
sentir ses beautés. Si la danse proprement dite ne la
soutient pas, elle ne résiste pas longtemps à l'ennui
qui s'attache toujours plus ou moins à l'indécision du
sujet. La perfection de l'exécution peut, un moment,
piquer la curiosité et fixer l'attention; mais l'attention est bientôt fatiguée, et la curiosité, qu'il faudrait
toujours piquer de plus en plus, s'émousse et s'endort.
Les compositeurs et les symphonistes font alors des
efforts pour la réveiller, mais leurs tours de force, leurs
bizarreries de toute espèce n'aboutissent qu'à la
rebuter entièrement. Il faut alors revenir à la poésie,
et la simplicité abandonnée venait de l'abus même

qu'on avait fait des ornements. Suivez le conseil que
je vous donne; ne séparez pas, si vous le pouvez, trois
sœurs qui s'aiment ardemment et qui réciproquement s'embellissent. Cultivez la poésie, la musique
et la déclamation, et si les circonstances vous forcent
de travailler pour les instruments seuls, commencez
du moins par étudier les effets de votre art sur les
chants où la poésie ait laissé son empreinte ineffa-
çable. Ce n'est que par ce moyen que vous vous for-
merez à la mélodie et que vous aurez un style musical
qui vous sera propre. Laissez faire ceux qui vont
tâtonnant sur un instrument quelconque, pour y
trouver des motifs de chant que la poésie leur refuse.

Ces motifs, que rien ne détermine, auront la durée
du caprice qui leur a donné naissance. Lisez beaucoup
de musique ancienne, parcourez les œuvres des grands
compositeurs, étudiez les poètes, allez écouter les
habiles déclamateurs.

Cherchez, travaillez, ne vous lassez pas.

TABLE DES MATIÈRES

A-
CHE-
VÉ D'IMPRI-
MER SUR LES PRESSES
DE L'IMPRIMERIE PROFESSIONNELLE
A BEAUVAIS, LE DIX NOVEMBRE
MIL HUIT CENT QUATRE-
VINGT-SEIZE, POUR
LE COMPTE DE
RENÉ PHI-
LIPON

BIBLIOTHEQUE   NATIONALE

SERVICE DES NOUVEAUX SUPPORTS

58, rue de Richelieu, 75084 PARIS CEDEX 02 Téléphone 266 62 62

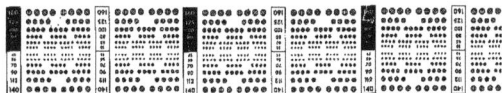

Achevé de micrographier le : 17/05/ 1978

0 1 2 3 4 5 6 7 8 9 10 11 12 13 cm

Défauts constatés sur le document original

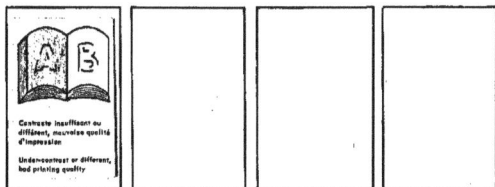

www.ingramcontent.com/pod-product-compliance
Lightning Source LLC
Chambersburg PA
CBHW070021110426
42741CB00034B/2275